punctum 011

Linda Tutmann
African Dream

Mit Fotografien
von Olya Oleinic

Matthes & Seitz Berlin

African Dream

Der kenianische Kioskbesitzer, der an der *Main Road* in Seapoint jeden Tag einzelne Klopapierrollen, chinesische Sneaker und geröstete Maiskörner an die Vorbeieilenden verkaufte, sagte mir, wenn ich auf dem Nachhauseweg in seinem Laden vorbeisah, immer schon gleich bei der Begrüßung, er werde Kapstadt bald verlassen. Diesen Plan wiederholte er bei jeder Begegnung. »Home is Home.« Dabei wiegte er seinen Kopf und ich verstand, dass er keinen Widerspruch duldete.

»Asante sana«, Danke, rief er mir gern zur Verabschiedung auf seiner Muttersprache Swahili hinterher, einer von den meisten Ostafrikanern gesprochenen Bantu-Sprache. Während eines viermonatigen Aufenthaltes im Herbst und Winter 2014 in Kenia hatte ich mir ein paar einfache Wörter gemerkt und es freute mich, dass er sich freute, wenn ich ihn mit »Jambo« begrüßte und mit »Kwaheri« verabschiedete. Er grinste dann breit und ich wusste, dass er in Gedanken bereits wieder durch die wuseligen Straßen Nairobis lief.

Sein kleiner Laden hatte auf einen ersten flüchtigen Blick nichts Außergewöhnliches an sich. Im hinteren Teil lagerten in einem Kühlregal ein wenig Joghurt und Sahne, daneben stapelten sich Packungen mit gekochtem Schinken oder Salami, im Regal rechts die Snacks, Chips und Erdnüsse, vorne links standen die eckigen Behälter mit Süßigkeiten, Lakritzschnecken und -stangen, und ein Glas mit mundgerechten *Biltong*-Stücken, die er mit einer Greifzange herausfischte. Das Besondere aber war, dass es hier fast alles gab, nicht nur die Leckereien, die auch in den Regalen der anderen *Mini Supermarkets, Superretten* oder *Corner Shops* standen, sondern auch das, was die Kunden eben auf die Schnelle für den Fernsehabend am Samstagabend oder den Morgen danach brauchten. Ich habe nie erlebt, dass er mir einen Wunsch nicht hatte erfüllen können. Wurde man in den vollgestopften Regalen im vorderen Teil des Geschäfts nicht fündig, kramte er in einer der unter der Theke gestapelten Kisten – und wenn er das Gesuchte auch dort nicht fand, verschwand er hinter einem schmuddeligen, beigefarbenen Vorhang und tauchte nach kurzer Zeit triumphierend mit Schuhcreme, Rohrreiniger oder einer Packung Kopfschmerztabletten wieder auf.

•

Ich hatte bei unserer ersten Begegnung sein Alter schwer schätzen können. Irgendwie war er alterslos, wie er da in seinem immer etwas zu großen, flatterigen Hemd hinter der Theke stand. Ein kleiner vitaler Mann mit Schnurrbart und kurzem krausen Haar. Ich vermutete, er sei um die 40, vielleicht auch 45. Und je öfter ich ihn traf, umso sicherer war ich, er müsse in der Mitte des Lebens stehen. Eine Zeit, in der man sein Leben Revue passieren lässt und sich der Frage stellt, ob man es dorthin gebracht hat, wohin man ursprünglich gewollt hatte, und wie es nun um die Träume steht, die man in den 20-ern, in der vollen Überzeugung, alles sei möglich, gehabt hatte. Vor 15 Jahren hatte er sich mit Ende 20 aus der völlig unkontrolliert wachsenden Hauptstadt Kenias aufgemacht nach Kapstadt, der Stadt am Meer, über die man sich in den Kneipen und Bars seinem Geburtsort Kibera, Nairobis größter Township, so viel Wundersames erzählte. Kapstadt war sein Traum, eine Stadt, die er sich, obwohl er noch nie in Europa oder Amerika gewesen war, irgendwie europäisch oder amerikanisch vorstellte. Kapstadt, dachte er, müsse sein wie London oder New York, nur eben in Südafrika.

Es war nicht viel, was der Kioskverkäufer im Herbst des Jahres 2003 – oder war es 2004 gewesen, so genau wusste er es nicht mehr – mitnahm: einen Beutel, ein paar Hemden und sein Rasiermesser. So erinnerte er das jedenfalls, und als er mir im Oktober 2016 hinter seiner Theke stehend die Geschichte seines Aufbruchs erzählte, glaubte ich ihm.

•

Interessanterweise ließ sich ausgerechnet im Jahr 1652 eine nennenswerte Anzahl niederländischer Siedler am Kap nieder – mehr oder weniger zu demselben Zeitpunkt, an dem eine andere Gruppe Niederländer »New Amsterdam« gründete, das spätere New York – eine weitere Parallele der beiden Städte außer der, dass sie seit ihrer Gründung Träumer aus der ganzen Welt anziehen.

Dass Kapstadt überhaupt zu einer weltbekannten Größe aufstieg und schon Menschen von überallher anzog, lange bevor der Kenianer sich aufmachte, verdankt es seiner Lage: Am äußersten südlichen Zipfel des afrikanischen Kontinents legten hier erschöpfte Seeleute – vermutlich Portugiesen im späten 15. Jahrhundert – auf der Suche nach einem alternativen Seeweg nach Indien eine Pause ein. Die arabische Halbinsel und das Mittelmeer waren durch die Entstehung des Osmanischen Reiches in diesen Jahren blockiert und so suchte man nach einer neuen Passage. Wenn auch die Portugiesen kein Bedürfnis verspürten, die Gegend zu kolonialisieren, so erhielt sie doch immerhin ihren Namen vom portugiesischen König Johann II.: *Cabo da Boa Esperança,* Kap der Guten Hoffnung, nannte er diesen äußersten Punkt der Kap-Halbinsel, voller Hoffnung, den Seeweg nach Indien entdeckt zu haben.

•

Ein anderer, wegen der ihm gestellten Aufgabe nicht unbedingt beneidenswerter, niederländischer Seemann, Johan Anthoniszoon »Jan« van Riebeeck, wurde 1652 damit beauftragt, in der rauen und stürmischen Region ein hölzernes Fort zu errichten, den Vorgänger des späteren *Castle of Good Hope,* dessen dicke Mauern noch heute von den Touristen bestaunt werden. Ich bin auf meinem Weg zur *Stevenson Gallery* – einer meiner liebsten Galerien in der Sir Lowry Road in Woodstock, die Arbeiten von südafrikanischen Fotografen und Fotografinnen wie Pieter Hugo und Zanele Muholi oder Künstlern wie Wim Botha zeigt – ein paarmal am *Castle of Good Hope* vorbeigelaufen. Es wurde während der Monate meines Aufenthaltes aufwendig restauriert, und immer wenn ich einen Blick in den Innenhof und die Gebäude werfen wollte, war er von Bauzäunen verstellt. So konnte ich nur von außen einen Eindruck von der Festung gewinnen, die vor allem vermittelte, wie stark das Bedürfnis der weißen Siedler gewesen sein muss, sich vor den Einheimischen zu schützen.

Die Festung war als Stützpunkt für die Versorgung der weiter gen Indien fahrenden Schiffe mit Lebensmitteln gedacht, besonders für die Seeleute des niederländischen Handelsunternehmens VOC, die *Vereenigde Oost-Indische Compagnie*. Die VOC war 1602 als Konkurrenz zur zwei Jahre zuvor entstandenen englischen *East India Company* gegründet worden. Die Niederländer hatten den Engländern den damals aufblühenden Welthandel nicht allein überlassen wollen.

•

Ein kleiner, akkurat angelegter Garten hinter dem *Company's Garden* vor dem *Iziko South African Museum* erinnert daran, dass im 16. Jahrhundert dieser Ort die lange Überfahrt nach Indien oder andere asiatische Länder zu überstehen ermöglichte. Heute schlendern hier die Besucher zwischen den Beeten entlang, bewundern die Früchte und Stauden und können sich vorstellen, dass die Ernte einigen ausgehungerten Seemännern in früheren Zeiten den Magen füllte. Heute gehört der Garten zu dem angrenzenden Café und Restaurant der *Company's Gardens*. Die Inhaber kümmern sich um die Beete und die Verarbeitung der Früchte für die Zubereitung der Gerichte. Ein Wächter, der die Pflanzen umkreist, um hungrige Obdachlose fernzuhalten, gab mir gewissenhaft Auskunft über alle hier angelegten Gemüsesorten: Es seien vor allem Kohl, verschiedene Salate oder Kräuter wie Petersilie und Minze, und auch Weinreben rankten an hölzernen Stäben. Die Trauben sehen mickrig aus, aber wie mir der kundige Sicherheitsmann verrät, sollen diese heute eher symbolisch darauf verweisen, dass in Zeiten der VOC eben auch Wein angebaut wurde, um die Stimmung der Seemänner mit Selbstgekeltertem etwas zu heben und ihr Heimweh zu lindern.

Ich stieß hier auf interessante, exotische Gewächse wie den *Porkbush, Portulacaria afra*, dessen kleine grüne Blätter essbar sind, wie ich auf dem Schild neben der Pflanze erfuhr. Die Blätter haben, las ich, einen säuerlichen Geschmack, und helfen klein gehackt bei Muskelverhärtungen und Entzündungen im Mund.

Die VOC kann man sich als eines der ersten weltweit agierenden Unternehmen vorstellen, das verschiedenste Waren von Kontinent zu Kontinent brachte. Der südafrikanische Historiker Herman Giliomee vergleicht den Einfluss der VOC in der damaligen Zeit mit dem eines Bill Gates oder Henry Ford. Und bedenkt man, dass allein zwischen 1602 und 1699 an die 1755 Schiffe von den Niederlanden aus nach Jakarta in Java segelten, scheint dieser Vergleich nicht weit hergeholt.

•

An Bord befanden sich viele Niederländer aus den untersten sozialen Schichten, die aus größter materieller Not bei der VOC angeheuert hatten. An Deck und auch nachdem sie an Land gegangen waren, wurden sie wie Sklaven behandelt und am Kap dazu abgestellt, das Land in der Nähe des Hafens zu beackern, um die Handelsmänner auf den VOC Schiffen mit frischem Obst und Gemüse zu versorgen. Diese armen Schlucker, die außerordentlich hart dafür hatten kämpfen müssen, sich aus den Klauen der VOC zu befreien und sich ein eigenständiges menschenwürdiges Leben in dieser rauen Gegend aufzubauen, waren die ersten europäischen Siedler, die Afrikaaner.

•

Viele Wissenschaftler lassen die Geschichte Südafrikas erst mit dieser Ansiedlung beginnen und gewähren den Khoikhoi, die schon lange vorher mit ihren Rindern auf der Suche nach Weideflächen über die Ebenen gezogen waren, keinen Platz in der Geschichtsschreibung des Landes. Die Khoikhoi nannten die Gegend um den Tafelberg wegen der unzähligen Süßwasserquellen und Flüsse, die vom Plateau des Berges aus in die gesamte Region hinabflossen und diese bewässerten, *Camissa*, »Ort des süßen Wassers«.

Und natürlich waren die Khoikhoi und andere Stämme der afrikanischen Urbevölkerung kein völlig verwildertes Grüppchen, als das sie gern über lange Zeit von den weißen Neuankömmlingen dargestellt wurden, sondern vielmehr eine streng hierarchisch aufgebaute Kultur, die lange bevor die Buren ihren Fuß auf das südafrikanische Festland setzten, an der Grenze zu Zimbabwe, am Limpopo Fluss im Nordosten des Landes, ein Königreich mit dem Namen *Mapungubwe* gründete. Immerhin würdigt man die Geschichte des Königreiches heute im *Mapungubwe Museum* in Pretoria.

•

Während meiner oft beiläufigen Besuche – meist kam ich von einem Spaziergang auf der Promenade zurück – redeten der Kioskbetreiber und ich immer ein wenig über dies und das. Oft schwärmte er von seinem Heimatland, von der Küste und dem Klima Kenias Ich konnte ihn verstehen. In Kapstadt sind besonders die Wintermonate hart, es regnet viel und ein schneidender Wind treibt die Wolken am Kap vor sich her. Unsere Gespräche liefen immer nach dem gleichen

Muster ab, nach einer ähnlichen Dramaturgie und mit einem vorhersehbaren Ende, wir waren wie ein eingespieltes Tennispaar, das voneinander wusste, wer welche Schläge aus welcher Richtung in welcher Härte spielen würde.

•

Meist eröffnete er mit einer Schimpftirade auf Südafrika. Ich beschwichtigte ihn dann immer, verteidigte Kapstadt und das Land, wies ihn auf Erfolge hin, zitierte Zeitungsartikel, die ich gelesen, und Gespräche, die ich geführt hatte. Er berichtete aus seiner Welt, die eines Migranten, eines Selfmade-Mannes mit ganz anderen Sorgen als ich sie hatte, der, so vermutete ich, von der Hand in den Mund lebte, und der, das wusste ich, keinen Sozialstaat im Rücken hatte. Südafrika hatte ihn enttäuscht, die Politiker hatten ihn enttäuscht, eigentlich war alles an diesem Land eine große Enttäuschung für ihn gewesen.

Unsere Gespräche schienen ihm Spaß zu machen, wie ein Athlet trippelte er in Gedanken auf der Stelle. Ich wusste, ich würde verlieren, sobald er begann, von Nairobi zu erzählen. Von den Start-ups und der technischen Revolution, von der ihm seine Verwandten berichteten, von seinem Neffen, der jetzt bei solch einem Start-up arbeitet – »Mit Computern!« (was genau der Neffe machte, wusste er nicht) – und dass der sich jetzt ein Auto gekauft habe. Dies war das wirklich Entscheidende. Streng genommen hatte er es noch nicht gekauft, sondern zahlte es in Raten ab. »Aber immerhin«, der Kioskbesitzer blickte mich triumphierend an, »ein VW-Golf, Baujahr 2000!« Jedes Match war damit verloren, meist endete das Spiel mit der Erwähnung einer materiellen Anschaffung, eines Umzug eines seiner Verwandten, einer Hochzeit – einer riesigen natürlich – oder eines neuen Jobs. Alles war dort besser als hier. Er strahlte, weil er wusste, dass ich dagegen nicht viel einwenden konnte. Ich konnte seinen Geschichten glauben oder auch nicht. Vielleicht waren sie nur Ausgeburten seiner Fantasie, vielleicht übertrieben seine Onkel und Tanten am Telefon hinsichtlich der Entwicklungen in der Heimat, um ihren verlorenen Neffen und Sohn wieder nach Hause zu locken? Aber ich ließ ihm gerne die Freude am Triumph.

Er war nicht ernsthaft verbittert darüber, dass Südafrika ihm nicht den erhofften Wohlstand verschafft hatte. Die Gewissheit von seiner Rückkehr ließ ihn den Alltag in Kapstadt meistern. Er flüchtete sich in seine Rückkehrerträume, die er als kitschige Postkarten mit Motiven aus Kenia an die Wand hinter sich pinnte.

•

Zu Beginn der 2000er, in denen er sich aufgemacht hatte, herrschte in Südafrika noch Hochstimmung und schien auf Einwanderer wie ihn gewartet zu haben. Nach dem Ende des Apartheidregimes und der damit einhergehenden wirtschaftlichen Öffnung gelang dem Land ein Aufschwung, der bald etliche Afrikaner und auch Idealisten aus anderen Teilen der Welt in euphorischer Goldgräberstimmung anzog. Gold und andere Bodenschätze gab es tatsächlich genug. Südafrika hatte sich unter Nelson Mandela in nur wenigen Jahren von einem Unrechtsstaat, der Schwarze diskriminiert und zu Menschen zweiter Klasse degradiert hatte, in ein gelobtes Land verwandelt, in dem alle Menschen ihren Platz zu finden versprochen schien.

Während ihre Heimatländer von Bürgerkriegen heimgesucht oder von größenwahnsinnigen Diktatoren in den Ruin getrieben werden, lockte Südafrika mit einer verheißungsvollen Zukunft voller Möglichkeiten.

Der südafrikanischen Regierung war dieser Ansturm mehr als recht. Hatten die weißen Nationalisten doch vor 1994 eine Ausbildung der Schwarzen (also von 80 Prozent der südafrikanischen Bevölkerung) schlicht verhindert. Während der Apartheid durften Schwarze vor allem als Nannys, Gärtner oder unter Tage in den Minen schuften, also Tätigkeiten ausüben, die den Weißen als für sie absolut angemessen erschienen. Für die Bildung eines weißen Kindes wurde damals achtmal mehr Geld ausgegeben als für die eines schwarzen. Angesichts der Tatsache, dass das Land plötzlich Arbeitskräfte für die neu entstehenden Tätigkeitsfelder im Zuge der voranschreitenden Industrialisierung brauchte, waren deshalb alle willkommen – und die Migrationspolitik nicht sonderlich restriktiv. Daran wird deutlich, dass das Ende der Apartheid nicht nur aus humanitären oder christlichen Motiven oder auf politischen Druck hin herbeigeführt wurde, sondern vor allem ökonomische Gründe ausschlaggebend waren: Die Regierung und insbesondere die weiße Oberschicht hatte einsehen müssen, dass Südafrika in einer zunehmend globalisierten Weltwirtschaft nicht würde mithalten können, wenn 80 Prozent der Bevölkerung weiterhin zu einem großen Teil von Ausbildungsberufen oder universitärer Bildung ausgeschlossen bliebe.

In dieser Zeit entstand auch der poetische Ausdruck »Regenbogennation« für ebenjene multinationale, offene Gesellschaft, die Südafrika fortan werden wollte. Es war der anglikanische Geistliche und damalige Erzbischof von Kapstadt Desmond Tutu, der diesen Begriff prägte und der bis heute an die Vision und das Versprechen von Männern wie ihn oder Mandela erinnert.

•

Ich bin nicht sicher, ob der enttäuschte Kenianer wusste, dass der Regenbogen seit jeher als Symbol verwendet wird, um den Menschen das Gefühl von Verbundenheit, Hoffnung und ein Bild von Vielfalt zu vermitteln. Im vorchristlichen Jahrtausend in Mesopotamien galt er als Liebeskette der Göttin Ischtar, einer oft vollbusig dargestellten Göttin des Himmels und der Liebe. Ihre übergroßen Brüste symbolisieren Sexualität und galten in ihrem Matriarchat als Zeichen der Fruchtbarkeit und Fortpflanzung. In der chinesischen Mythologie hingegen stellen zwei zusammen abgebildete Regenbögen die Verbindung des weiblichen Prinzips Yin und des männlichen Prinzips Yang und auf diese Weise die Ehe dar. (Der kräftigere Hauptregenbogen wird dem Yang zugeschrieben, der schwächere dem Yin.) Auch bei Homer findet sich der Regenbogen: In der Ilias erwähnt er den Himmelsbogen als die Göttin Iris, die Aphrodite aus dem Kampfgebiet auf den Olympus leitet.

•

Vielleicht ist das einfache Naturschauspiel über die Zeiten mit Optimismus überfrachtet worden – von der Regenbogenstimmung ist in Südafrika jedenfalls in den letzten Jahren, nachdem auch die kurz aufflammende Hochstimmung während der Fußballweltmeisterschaft im Jahr 2010 wieder versiegte, nicht mehr viel geblieben. Wirtschaftlich war es schon seit 2008 abwärts gegangen, als das Land nicht unberührt von der Weltwirtschaftskrise in die Rezession rutschte, die auch der Kioskbesitzer zu spüren bekam. Ich lernte das Land in ebendiesen Jahren kennen: 2007 und 2008 reiste ich jeweils für ein paar Wochen zweimal nach Südafrika und bekam einen ersten Eindruck vom Abebben der Regenbogenstimmung. Damals wurde Südafrika von einer Welle xenophobischer Anschläge erfasst; dem wirtschaftsnahen Präsident Thabo Mbeki, der das Land nach dem Rücktritt von Nelson Mandela geführt hatte, wurde vom Parlament sein Misstrauen ausgesprochen. Von alldem erfuhr ich nur aus der Zeitung, die ich las, während ich mit meinem Bruder in einem roten Opel Corsa durch das Land fuhr. Das romantische Bild, das ich mir jahrelang während meiner Schulzeit von Südafrika gemacht hatte, stimmte nicht mit der Realität überein.

•

Als ich im Sommer 2016 schließlich für fast ein Jahr nach Kapstadt zurückkehrte, hatte sich die Stimmung sogar noch verschlechtert. Der Rand war innerhalb der letzten anderthalb Jahre um 30 Prozent gefallen und war jetzt weniger als 0,06 Dollar wert. Ein Viertel der Bevölkerung war arbeitslos und der Finanzminister Pravin Gordhan, einer der vertrauenswürdigeren und fähigen Männer in der Regierung, rechnete mit einem Wirtschaftswachstum, das sich kaum noch als ein solches bezeichnen ließ, von 0,9 Prozent. Für den Kioskbesitzer zählte allein sein persönlicher Umsatz – und der ging seit Jahren zurück, wie er mir berichtete.

Hatten die Kapstädter vor ein paar Jahren noch gerne Schnickschnack, Süßigkeiten oder Lebensmittel bei ihm gekauft, obwohl sie etwas teurer waren, gingen sie jetzt lieber zu den großen und etwas günstigeren Supermarktketten *Shoprite* oder *Pick and Pay*.

Und diejenigen, denen es schlichtweg egal war, ob die Cola im Kiosk das Doppelte kostete oder nicht, suchten eher andere Läden auf als seinen, der hinsichtlich Design und Sortiment sicherlich nicht auf dem neuesten Stand war. Das Leben war für ihn in den letzten Jahren nicht besser geworden.

Ich ertappte mich dabei, nach jedem Besuch damit zu rechnen, es könnte das letzte Mal gewesen sein, dass ich sein *Asante Sana* hörte. Vielleicht wäre beim nächsten Mal das Gitter vor dem Schaufenster heruntergelassen worden und es läge kein Pappschild mehr auf dem Bürgersteig, auf dem er immer mit großen Druckbuchstaben die Kunden über seinen Verbleib informierte: »Coming back« oder »I am at the church«. Doch während der sechs Monate, die ich in Seapoint verbrachte, war er noch täglich im Laden. Als ich mich am Vortag meines Fluges nach Deutschland von ihm verabschiedete, lachte er. Home is home, ich gehe auch bald.

Dudley Road

Wenn man vom Kiosk aus auf der *Main Road* ein Stück in Richtung Innenstadt nur einige Hundert Meter läuft und dann rechts an der *Sea Point Methodist Church* einbiegt, die *Mount Nelson Road* hochgeht und an der dritten Querstraße noch einmal rechts abbiegt, gelangt man in die *Dudley Road*. Hier wohnte ich die meiste Zeit über – nur zu Beginn meines Aufenthaltes hatte mich mein Freund Adriaan, den ich aus Nairobi kannte, bei sich in Camps Bay aufgenommen.

Ich habe mich dort sehr wohlgefühlt. Das lag an Menschen wie dem Kioskbesitzer, aber auch an vielen meiner Nachbarn, die ich ins Herz schloss. Ich werde hier nicht all ihre Geschichten erzählen können, kenne natürlich auch nicht jede in aller Ausführlichkeit, manche dieser Menschen sind mir aber einfach dadurch unvergesslich und lieb geworden, dass sie jeden Tag auf ihren Balkonen saßen und mir zuwinkten, wenn ich mich mit meinen Einkaufstüten von der *Main Road*, wo sich die Bushaltestelle des *MyCiti* Busses befindet, den Berg hinauf zur *Dudley Road* kämpfte.

•

Da ist zum Beispiel Jimmy Magala aus dem Kongo, der sich die Wohnung links von meiner mit einer unübersichtlichen Anzahl anderer Menschen teilte. Ich habe nie herausgefunden, wie viele seiner Brüder und Schwestern und Tanten und Freunde in der Wohnung lebten, die eine ähnliche Größe haben musste, wie meine, die ich allerdings mit nur einem Mitbewohner bewohnte. Sie maß maximal 60 qm, hatte drei Zimmer, eine Küche, in der man nur stehen konnte, und ein kleines Bad.

Er war vor ein paar Jahren mit seiner Reggaeband *Afro-Fiesta* nach Südafrika gezogen, weil er die Hoffnung aufgegeben hatte, in seiner Heimatstadt jemals mehr zu werden als ein Straßenmusiker, dem die Passanten ein paar Münzen in den Deckel seines Basskoffers werfen, und fürchtete, der Bespaßer von Halbstarken aus den Townships von Kinshasa zu bleiben. Vor dem einen wie vor dem anderen Publikum zu spielen, empfand er als würdelos, wobei er die Halbstarken bevorzugte, weil sie wenigstens seine Musik ehrlich liebten.

Von Kapstadt erhoffte er sich den großen musikalischen Durchbruch. Es lief auch gut für ihn und seine Band – immerhin spielten sie regelmäßig in *The Crypt,* einem Restaurant in einem Gewölbe direkt neben der *St. Georg Cathedral.* Es sind vor allem ausländische Besucher, die die besondere Atmosphäre des Kellers schätzen und hier zur Musik von *Afro Fiesta* zu Abend essen. Die Stimmung ist immer sehr gut und ich habe kein Konzert erlebt, an dessen Ende nicht getanzt wurde. Jimmy stand selten auf der Bühne, er filmte lieber die Auftritte der Band mit einer kleinen Handkamera, um diese Videos später bei Facebook hochzuladen, was er als Marketing im Hintergrund nicht weniger wichtig fand als die Performance der Sänger und Drummer im Scheinwerferlicht.

•

An fast jedem Tag in der Woche, an dem es das Wetter zuließ, saß er mit seiner Familie – seine Band und alle, die irgendwie dazugehörten – in dem kleinen Vorgarten oder auf der Veranda des viktorianischen Hauses und grillte. Manchmal brutzelten die Steaks schon am Morgen und die Runde rauchte ihre Joints und trank Bier und Cola aus Flaschen. Die Kinder saßen dabei und flochten sich gegenseitig kleine Zöpfe oder spielten Seil oder jagten sich auf der Straße. Dazu wurde auf der Stereoanlage wechselnde Musik gespielt, manchmal Jazz, oft Reggae, aber so laut, dass ich es in meinem Schlafzimmer im Erdgeschoss des Hauses nebenan, dessen Fenster nicht mehr richtig schlossen, hören konnte. Egal, wie lange ich in der Nacht unterwegs gewesen war, es störte mich nie; ganz im Gegenteil, ich mochte es, von den Beats und dem Geruch von gebratenem Fleisch geweckt zu werden.

•

Über ihnen hatte ein stiller junger Mann aus Simbabwe eine Wohnung bezogen. Er schien die ganze Zeit zu arbeiten, jedenfalls sah ich ihn so gut wie nie. Ich erfuhr zufällig durch einen Taxifahrer, dass er überhaupt existierte und dass er aus Simbabwe stammte. Beide waren vor der nicht enden wollenden Herrschaft des greisen Robert Mugabe, der damals noch das Land regierte, geflohen. Mein Fahrer, der im Gegensatz zu meinem neuen Nachbarn sehr gesprächig war, freute sich, als er mich in die *Dudley Road* brachte, dass es die gleiche Straße war, in der auch sein Landsmann und Freund ein neues Zuhause gefunden hatte.

•

Auch Patience Kabambi, die schräg gegenüber in einem kleinen heruntergekommenen viktorianischen Häuschen zusammen mit der Familie ihres Bruders und zeitweise auch mit ihrer Mutter lebte, gehörte zu den Menschen, die mir das Gefühl gaben, hier zu

Hause zu sein. Vielleicht, weil auch sie ihr Land verlassen hatte und wir das Heimweh teilten, das uns ab und an überfiel. Ich weiß nicht mehr, auf welchem Weg sie zu uns kam, aber irgendwann fing sie an, alle zwei Wochen für zwei, drei Stunden bei uns zu putzen. Es war mir bis zum Schluss unangenehm, dass jemand für mich die Böden wischte. Patience lachte über mich, wenn ich eilig mein Geschirr abspülte oder meine Kleidung sorgfältig zusammenlegte, um ihr das Staubsaugen zu erleichtern, während sie ihre Straßenkleidung gegen ihre Arbeitskleidung, einen Kapuzenpullover, tauschte. Sie sei von anderen Haushalten anderes gewöhnt, erzählte sie. Da es für viele ihrer Kunden offenbar keine Rolle spielte, wie lange sie würde putzen müssen, schien das Wissen um das Kommen der Putzfrau den Drang auszulösen, die Wohnung vorher noch in ein wüstes Schlachtfeld zu verwandeln.

•

Da ich manchmal von zu Hause aus arbeitete, frühstückten wir häufig zusammen. Sie erzählte mir, sie sei schon seit zwei Jahren in Kapstadt. Sie hatte eine tolle Stimme und zeigte mir immer wieder kurze Videos, auf denen man sie auf der Bühne ihrer Gemeinde *Light of the world* in Salt River, im Osten der Stadt, singen sah. Einmal begleitete ich sie zum Gottesdienst und war beeindruckt von ihrer tiefen Gläubigkeit, ihrem Vertrauen in einen Gott und mit welcher Inbrunst sie sang. Auch sie hoffte, irgendwann von einem Musikproduzenten entdeckt zu werden, um endlich als professionelle Sängerin arbeiten zu können. Patience war Mitte 20 und felsenfest überzeugt, dass es besser sei, ohne einen Mann zu leben, wie sie mir an einem Morgen verriet. Ihr Vater hatte ihre Mutter von einem Tag auf den anderen sitzen gelassen und sich nie wieder blicken lassen.

•

Nicht zuletzt möchte ich hier meine Nachbarin aus der Wohnung direkt über meiner erwähnen, die unseren gemeinsamen Vorgarten mit sehr viel Hingabe pflegte. Luises Vorfahren waren vor Jahrhunderten aus der Niederlanden nach Südafrika eingewandert. Ich schätzte sie auf Ende 50. Sie war ein paar Jahre lang mit einem Hamburger verheiratet gewesen, der sie in den Norden Deutschlands mitgenommen hatte. Die Ehe ging in die Brüche und Luise kehrte nach Südafrika in die *Dudley Road* zurück. Die Trennung hatte sie nicht völlig aus der Bahn geworfen, jedenfalls mochte sie die Deutschen noch und sprach voller Achtung von der Pünktlichkeit und dem Arbeitswillen, den sie dort erlebt hätte. Sie habe allerdings beschlossen, es sei besser, fortan allein zu leben. Nie sah ich einen Mann bei ihr ein- und ausgehen, noch erwähnte sie jemals einen, der seit der Scheidung eine Rolle in ihrem Leben gespielt hätte. Genau weiß ich es natürlich nicht. Ihren Lebensunterhalt verdiente sie mit dem Aufziehen von bunten Perlen auf dünne Nylonschnüre, die sie kunstvoll zu Ketten zusammenband und im *Winchester Mansions Hotel* an der Promenade in Seapoint für einen satten Preis an die Touristen verkaufte. Jeder, der sich in dem Vier-Sterne-Hotel ein Zimmer miete, könne durchaus solche Preise zahlen, fand Luise. Da sie sich die Zweizimmerwohnung über uns nicht alleine leisten konnte, nahm sie oft jemanden zur Untermiete auf. Während ich dort lebte, war ein junger Mann eingezogen, der im Zuge seiner Adoption als Baby von Südafrika nach England gebracht worden war. Er hatte sich jetzt, mit Anfang 30, auf die Suche nach seinen Wurzeln begeben und versuchte, mit einem eigenen Start-up ein neues Leben in Kapstadt zu beginnen. Ich habe vergessen, was genau er vorhatte, jedenfalls war er sehr stolz auf sein recht eindrucksvolles weißes Cabrio, das hier am Ende der *Dudley Road* doch sehr auffiel. Luise war sehr bemüht, ihn beim Einleben in der Stadt und Aufbau des Start-ups zu unterstützen. Soweit ich weiß, hatte sie keine eigenen Kinder, aber sie schien froh über Gesellschaft zu sein, auch wenn sie oft über den jungen Mann schimpfte, weil er das Geschirr nicht richtig abwusch oder das Bad nicht ordentlich putzte.

Meistens redeten wir nur miteinander, wenn ich auf dem Weg zur Wohnung am Garten vorbeiging, in dem sie die Pflanzen beschnitt oder wässerte. Einmal nahm sie mich auch mit in ihre Wohnung. Die Räume waren vollgestellt mit Pflanzen, eine oder auch mehrere Katzen huschten umher, überall auf dem Boden lagen Kleidung und verstreute Perlen herum. Ich war mir seitdem nicht mehr ganz so sicher, wer für mehr Unordnung in der Wohnung sorgte, Luise selbst oder ihr Mitbewohner.

•

Insbesondere Ende der 90er-Jahre hatte Seapoint keinen guten Ruf. Nachtclubs und Casinos reihten sich damals dort aneinander und viele Prostituierte versuchten, auf den Hauptstraßen ihr Geld zu verdienen. Nationale Bekanntheit erreichte Seapoint durch die kaltblütigen Morde an acht Homosexuellen, die in *Sizzlers Bar* am 20. Januar 2003 durch Schüsse in den Kopf hingerichtet worden waren. Bis heute ranken sich etliche Geschichten um das Sizzlers-Massaker, und obwohl die Täter mittlerweile verurteilt wurden, sind die Hintergründe noch immer nicht vollständig aufgeklärt.

In den 90ern führte auch der Bau des riesigen Einkaufszentrums *Waterfront* mit internationalen Marken-Shops und zahlreichen Cafés und Restaurants am Hafen dazu, dass immer mehr Kunden lieber dort als in Seapoint ihre Einkäufe erledigten, ein Eis aßen oder ins Kino gingen.

•

Doch seit ein paar Jahren eröffnen an der *Main Road* beziehungsweise der *Regent Road*, wie die Straße im zweiten Drittel stadtauswärts heißt, immer mehr kleine Läden und schicke Restaurants. Vor Einbruch der Dunkelheit kann man sich wieder frei und sicher auf der Straße bewegen, ohne Angst haben zu müssen, plötzlich ein Messer in der Seite zu haben. Trotzdem war uns allen immer bewusst, dass wir uns in Kapstadt und nicht in Berlin oder New York befanden.

In Seapoint gibt es keine Holzhäuschen, wie die in Camps Bay oder an jeder Straßenecke anderer Reichenviertel, in denen Männer Tag und Nacht in Overalls mit dem Logo einer Sicherheitsfirma auf der Brust sitzen und orangefarbene Schilder eine *Zero Crime Tolerance Area* versprechen, inklusive *24-hours-camera* und *Patrol Monitoring*. Trotzdem wird natürlich auch in diesen Gegenden eingebrochen, erzählten mir meine Freunde. Weil ein Wachmann nur ein paar

Euro am Tag verdient, sei es doch recht einfach, ihn davon zu überzeugen, für ein paar Stunden einzunicken.

•

Dass keiner von uns die Eigentümer der Häuser in der Sackgasse am Ende der *Dudley Road* aufforderte, Tore und Mauern zu errichten, um uns dahinter verschanzen und ungewünschte Gäste davon abhalten zu können, in die Nähe des Hauses zu gelangen, lag wohl auch daran, dass eine solche Sicherheit schlichtweg eine Investition bedeutet hätte, die sich mit großer Wahrscheinlichkeit auf unsere Mieten niedergeschlagen hätte. Geld, das wir schlichtweg nicht hatten oder dafür ausgeben wollten. Wir folgten treuherzig der Logik: Wer sich nicht übermäßig absichert, zeigt, dass er auch nichts besitzt, das zu stehlen sich lohne. Vor meinem Zimmer stand als einziger Schutz ein wildes Gewächs aus gewaltigen Bananenstauden und Kakteen, das ich Luise zu verdanken hatte.

•

Wie eine längliche, etwas platte Zunge erstreckt sich Seapoint entlang der südatlantischen Küste von Greenpoint bis zur City Bowl, der Innenstadt Kapstadts. Das Schöne an dem Leben dort – und das gilt natürlich allgemein für Orte am Meer – ist der Geruch nach Salz und Algen, der demjenigen entgegenschlägt, der aus der Wohnung tritt oder das Fenster öffnet. Wenn man hier lebt, kann man schwer vergessen, wie verlockend das Meer in seiner Weite ist.

•

Eine fünf Kilometer lange gepflasterte Promenade, auf der man gemächlich bis zur *Waterfront* schlendern kann und die Familien gerne am Wochenende mit Blick auf das Wasser entlangbummeln und ihre Kinder gefahrlos auf ihr inlineskaten lassen, macht das Viertel zu einem geselligen und lebendigen Flecken der Stadt. Die *Beach Road* direkt am Meer wird von den schlichten und unansehnlichen Wohnblöcken der 60er- und 70er-Jahre dominiert, meist fünf- oder sechsstöckige, vollkommen eingezäunte Gebäude mit Fahrstühlen. Hier wohnen besonders viele junge Familien, weil nicht selten auch ein Spielplatz oder zumindest ein Stück Rasen zum Grundstück gehört.

•

Die Autofahrer sind auf der irrsinnig schmalen *Dudley Road* ständig gezwungen, entgegenkommenden Fahrzeugen rückwärts auszuweichen – in der Hoffnung, es möge sich zwischen den parkenden Autos unverhofft eine Lücke auftun. Mit der nordwestlich von Birmingham gelegenen Stadt Dudley in den West-Midlands von Großbritannien hat sie nicht viel zu tun. (Wie mir ein Freund erzählte, der in der Nähe von Dudley aufwuchs, hat jene wohl schon bessere Zeiten gesehen.) Der Name der Straße erklärt sich aus der Prägung dieser Gegend durch die Engländer, wie auch Sea Point seinen Namen von einem britischen Marineoffizier erhielt, der hier an Land ging.

•

Die Bewohner am Ende der *Dudley Road* sind nicht wohlhabend, aber immerhin in der finanziellen Situation, in der Nähe derer leben zu können, die es geschafft haben, glamouröse Model-Agenturen, Anwaltskanzleien und Unternehmensberatungen zu führen und die Oberschicht Kapstadts zu bilden. Manche ihrer kleinen Villen oder viktorianischen Häuser (wie unseres eines war), lagen nur ein paar Straßenzüge von der *Dudley Road* entfernt. Die Fassaden waren allerdings im Gegensatz zu unseren strahlend weiß getüncht und durch die neu eingebauten Fenster pfiff auch kein Wind.

Das sicherste Zeichen für echten Wohlstand jedoch, lernte ich, ist ein Leben in nicht sichtbaren Häusern.

Die sie umgebenden Mauern sind so hoch, dass sie die Sicht auf alles Dahinterliegende vollkommen versperren. Das ist ziemlich schade für die Bewohner, weil sie von ihren ebenerdigen Gärten nicht auf die Straße oder das Meer, sondern auf Beton blicken müssen, aber die oberen Etagen haben natürlich oft Balkone mit Weitblick. Steht man allerdings in einem solchen Garten, bekommt man wirklich Beklemmungen.

Ich hatte ein paarmal die Gelegenheit, solch klaustrophobisch machende Grundstücke zu betreten. Eine meiner Freundinnen aus Deutschland mietete einmal eine Airbnb-Wohnung in Camps Bay. Die Wohnung war schon hinsichtlich der Inneneinrichtung beeindruckend unpersönlich, alle Möbel waren transparent, weiß, schwarz oder anthrazit und ich bin nicht sicher, ob in diesen Räumen jemals vorher jemand gelebt hatte. Aber da im Winter die Strände und Cafés leer und die Touristen ausblieben, war die Wohnung mit 35 Euro pro Tag nicht teuer. Bevor man zur Wohnungstür gelangte, musste man zunächst zwei andere Türen aufschließen: das Tor zum Grundstück, das in eine sicherlich 20 Zentimeter dicke Mauer eingelassen war, und eine Gartentür aus Stahl. Die Mauer, die das kleine Grundstück umschloss, war so hoch und so massiv, dass ich auf der kleinen Terrasse ständig das Gefühl hatte, sie würde immer näher rücken und mich irgendwann zerquetschen. Ich war einmal mehr froh, in der *Dudley Road* mit einem Dschungel vor dem Fenster und unter meinen lärmenden Nachbarn zu leben.

•

Auch in Sea Point findet man vereinzelt diese hinter Mauern, Hecken und Elektrozäunen verschanzten Anwesen. Und wenn sie auch nicht so zahlreich sind wie in Camps Bay, Clifton oder anderen exklusiven Vierteln, so sind sie doch zweifelsohne Vorboten einer zunehmenden Gentrifizierung. Uns waren sie immanente Warnung, dass unsere Zeit in der *Dudley Road* bald abgelaufen sein könnte und es nicht mehr lange dauern würde, bis man unsere Häuser renovieren und in die Wohnungen dann Ärzte, Unternehmensberater oder Versicherungskaufmänner einzögen. Solange aber kein Vermieter vor der Tür stand, machten wir uns keine allzu großen Sorgen.

•

Eines Tages, es muss Ende Januar gewesen sein, klopfte es bei uns an der Eingangstür. Das Haus hatte keine Klingel, aber eine Kette, die es uns erlaubte, die Tür zunächst nur einen Spaltbreit zu öffnen. Es war Patience, die ungewöhnlich energisch gegen das Holz hämmerte. Sie trug an diesem Tag eine ihrer liebsten Perücken, einen kinnlangen, akkurat geschnittenen Bob mit blondgefärbten Ponyfransen. »Ich kann nicht mehr kommen«, sagte sie zur Begrüßung und ohne meine Einladung, doch hereinzukommen, anzunehmen. Sie klang glücklich und aufgekratzt, als sie mir voller Begeisterung von ihrem neuen Job erzählte: Ihr größter Traum, von einem amerikanischen Musiklabel als Soulsängerin entdeckt zu werden, war zwar nicht erfüllt worden, aber ein südafrikanisches Paar, eine Fitnesstrainerin und ihr Mann, bei dem sie ein paar Straßen weiter seit über einem Jahr putzte, hatte sie gebeten, das Kindermädchen ihres Neugeborenen zu werden. Samstags dürfe sie sogar Seminare für Nannys und Au-Pair-Mädchen besuchen, in denen sie alles über die Pflege und den Umgang mit Kleinkindern lernen könne!

Es war für sie der erste Schritt in eine andere, neue Welt. Von da an sah ich sie häufiger frühmorgens auf dem Weg zu ihrer Arbeit durch die *Dudley Road* laufen. Ihre zierliche Gestalt war voller Entschlossenheit, es mit dem Leben aufzunehmen. Sie hatte offensichtlich große Lust, sich der unverhofften Kehrtwende ihres Schicksals zu fügen, und noch weniger Angst, ihre Träume Wirklichkeit werden zu lassen.

•

Somewhere over the rainbow,
Way up high
There's a land that I've heard of
Once in a lullaby.
Somewhere over the rainbow,
Skies are blue

And the dreams that you dare to dream,
Really do come true.
Somewhere over the rainbow,
Blue birds fly
Birds fly over the rainbow
Why then, oh why can't I?

•

Ich war durch den Zufall an mein Zimmer gekommen, dass meine Freundin Adriana auch eine gute Freundin meines Mitbewohners war. Hakim La Rocca arbeitete als Masseur in Kapstadt, so wie auch Adriana ihr Geld mit dem Massieren von Sportlern, verspannten Managern und Touristen verdiente. Es war für beide ein ziemlich mühsames Geschäft, weil keiner bei einer Hotelkette oder einem Fitnessclub festangestellt war und daher nie mit einem zuverlässigen Einkommen rechnen konnte. Besonders hart war es für Adriana, die sich bei den Besuchen ihrer männlichen Kunden in deren Zuhause unwohl fühlte. Nach einigen schlechten Erfahrungen tauschte sie ihren Job, der ihr eigentlich gefiel, gegen den einer Assistentin bei einem Forschungsinstitut ein. Für Hakim war es in dieser Hinsicht natürlich einfacher, aber auch er musste sein Geld gut zusammenhalten. Kapstadt ist teuer und die Löhne sind generell nicht besonders hoch. In guten Monaten verdiente er mit Massagen rund 2 500 Euro.

Einen Großteil dieses Einkommens verschlangen die monatlichen Schul- und Kindergartengebühren seiner Töchter Ruqayya und Sophia: Über 600 Euro kosteten die internationale Schule der Sechs- und der Kindergarten der Vierjährigen. Es war ihm sehr wichtig, dass sie auf einer Schule unter Diplomatenkindern und anderen Ausländern, auf deren Stundenplan sogar Chinesisch stand, eine gute Ausbildung bekommen würden.

Er selbst war genügsam, hatte sich einen Ausweis für die Städtische Bücherei besorgt, schaute sich an den Abenden die ausgeliehenen DVDs an und las die mitgebrachten Bücher. Ich machte ihm das nach, weil ich nur eine Handvoll Bücher aus Deutschland mitgebracht hatte – und so verbrachten wir so manchen Abend zu Hause und schauten uns gemeinsam verschiedene Folgen von *Sherlock Holms* an; auch, um uns von dem Angebot des afrikanischen Fernsehens unabhängig zu machen. Ich war seit meiner Kindheit nicht mehr Mitglied einer Städtischen Bücherei gewesen und mochte die friedliche und ruhige Atmosphäre dort. Ein Mann, der vermutlich keinen festen Wohnsitz hatte, kam auch regelmäßig; manchmal schlief er einfach auf dem abgewetzten Sofa ein oder er saß an einem Tisch und blätterte in einem Buch. Geführt wurde die Bücherei von zwei resoluten Damen, die streng auf die Abgabefristen achteten und nicht zögerten, mich rigoros Strafe zahlen zu lassen, wenn ich zu spät abgab.

•

Hakim war als Sechsjähriger mit seinen Eltern vor dem Bürgerkrieg in Nicaragua in die USA geflohen und dann vor über elf Jahren in Kapstadt gestrandet, wo er mit seiner Frau, einer japanischen Kosmetikerin, die zwei Töchter bekam. Weil er mittlerweile von ihr getrennt lebte, teilte er sich die Dreizimmerwohnung mit mir. Wenn seine Töchter zu Besuch kamen, rollte er eine Isomatte neben seinem Bett aus und ließ die beiden in seinem Bett schlafen.

•

Irgendwann im Sommer 2018 – ich hatte gerade einen Flug nach Kapstadt für Ende August gebucht und gehofft, ihn und seine Töchter wiederzusehen – schickte er mir eine Nachricht über WhatsApp. Wir hatten länger nichts voneinander gehört und so war ich überrascht zu lesen, er wohne nicht mehr in der *Dudley Road*, Ruqayya und Sophia seien mit ihrer Mutter nach Japan gezogen. Mir schien, er verbarg den Schmerz über die Trennung von seinen Töchtern hinter dem Enthusiasmus, mit dem er beschrieb, nun völlig ungehindert seine eigenen Pläne verfolgen zu können. Er wollte jetzt unbedingt nach Europa. Bei fast jeder Nachricht fiel ein neuer Name, eines Landes, einer Stadt, in der er sich vorstellen konnte zu leben und sein Business aufzubauen. Amsterdam, Belgien, Frankreich. Er hatte mittlerweile angefangen, auch Pferde zu massieren und war recht optimistisch, in den europäischen Städten, wo Menschen Pferde hielten, die sie wie Menschen pflegten, Kunden zu finden. Er fragte mich nach meiner Meinung: Würden Pferdemassagen dort gut ankommen? Ich sagte ihm ehrlich, dass ich keine Ahnung von Massagen und dem Aufbau eines solchen Business hätte, aber dass die Menschen sich natürlich auch in Europa massieren ließen und ich daher recht zuversichtlich sei.

•

Uitvlugt

Würde ich heute noch einmal nach Kapstadt ziehen, suchte ich mir vermutlich wieder eine Wohnung oder ein Zimmer in Sea Point. Nicht nur wegen Patience, des Kioskbesitzers und *Afro-Fiesta* oder des Windes und des Geruchs von Salz, der mich immer wieder aufs Neue sehnsüchtig macht, sondern auch, weil ich hier etwas fand, was mir an vielen anderen Orten in Kapstadt fehlte. Es war eine Bewegung, die ich spürte, sobald ich an der Main Road aus dem *MyCiTi-Bus* stieg und an dem imposanten Gebäude der *Sea Point High School* vorbei in Richtung *Dudley Road* lief. Eine Dynamik, die mit voller Wucht in Johannesburg noch zunehmen sollte, aber darauf werde ich später zurückkommen. Sie vermittelte sich in einer Summe von Kleinigkeiten, die mir rückblickend fast banal vorkommen.

In Sea Point sah ich Schwarze ihre Kinder in VW Polos und Golfs zur Schule bringen, die aussahen, als seien sie erst vor ein paar Wochen bei einem Autohändler im Industriegebiet in der Nähe von Woodstock abgeholt worden. Sie trugen gut sitzende Anzüge und klassische Etuikleider, was mich vermuten ließ, dass sie bei einer Bank oder einem Ministerium in der City Bowl oder einem der modernen Bürokomplexe an der Waterfront in einem Job arbeiteten, in dem es wichtig war, die eigene Position in der Hierarchie des Unternehmens durch Kleidung zu markieren. Auch die Besitzerin oder Geschäftsführerin einer Boutique an der Reagan Road, die sehr energisch weiße Verkäuferinnen durch den Laden scheuchte, war eine Schwarze. Paare unterschiedlicher Hautfarbe schlenderten Arm in Arm über die Promenade.

Die Kellner im *Rockpool* an der *Beach Road,* das je nach Tageszeit Café, Bar oder Restaurant war, waren nicht ausschließlich schwarz, sondern auch weiß. Sie brachten nicht nur mir meinen Flat White oder mein Rührei, sondern auch den schwarzen Gästen.

Einmal habe ich es allerdings im *Rockpool* erlebt – und möchte es hier nicht verschweigen –, wie eine weiße Kellnerin meine schwarze Begleitung völlig ignorierte und sich erst bei der expliziten Aufforderung, nach meiner die Bestellung die des mir schräg gegenübersitzenden Mannes aufzunehmen, dazu durchringen konnte. Es war für meine Begleitung nicht das erste und vermutlich auch nicht das letzte Mal, dass ihm ein Weißer unverfroren seine Abneigung gegen die schwarze Mittelschicht in diesem Land zeigte.

•

Abgesehen von diesem sehr irritierenden Erlebnis fühlte ich mich in Sea Point die meiste Zeit jedoch nicht so stark in einer Blase gefangen wie in manchen anderen Teilen Kapstadts. Eine Blase, die zwischen dem *Power and the Glory,* heimeligen Wohnzimmern in viktorianischen Häusern mit Holzdielen und dänischen 50er-Jahre-Möbeln, dem Bürohochhaus in der Citybowl und dem Ausflug auf ein Weingut am Wochenende hin und her schwebte, in der ich mich leicht und mühelos bewegen konnte.

•

Die schönsten Abende erlebte ich an sonntäglichen Spätnachmittagen oder frühen Abenden beim Sonnenuntergang auf der Promenade in Sea Point, wenn direkt am Pavillon neben dem Pool DJ Sylvia Westcott argentinischen Tango auflegte und ich einfach dasitzen und zuschauen konnte. Ein besonders guter Tänzer ist mir in Erinnerung geblieben. Diesen Mann, von dem ich so gut wie nichts weiß, noch nicht einmal seinen Namen kenne, von dem ich aufgrund seiner Kleidung allerdings vermutete, dass er ohne festen Wohnsitz lebte, sah ich jedes Mal über den Platz wirbeln. Seine Drehungen und Schritte, die elegante und zugleich bestimmte Art und Weise, mit der er Frauen in Sommerkleidern und hochhackigen Schuhen über das Pflaster führte, ließen vergessen, dass seine Hose fleckig war, sein T-Shirt zerrissen, sein Haar grau und zerzaust. Ich beobachtete jedes Mal gebannt seine Bewegungen und glaubte, in ihnen einen Hinweis auf eine Vergangenheit zu finden, die sicher nicht auf der Straße verlebt worden war. Vielleicht hatte er das Tanzen in einer Schule gelernt, vielleicht hatten ihn seine wohlhabenden Eltern, zu denen er später vielleicht den Kontakt abgebrochen hatte, zu einem Kurs geschickt?

•

Nach den offiziellen Statistiken leben in Sea Point auf 1,58 km^2, rund 13 000 Personen, vielleicht sind es aber auch weitaus mehr. Es gibt viele Menschen in Südafrika, die sich nicht registrieren lassen. Dabei handelt es sich nicht nur um Menschen ohne eine eigene Wohnung, die nachts ihre Schlafsäcke ausrollen oder aufgefaltete Pappkartons auf die Bürgersteige legen, sondern auch um die vielen Migranten, die ohne Visum im Bus über die Grenze kommen – ob sie wieder zurückkehren, wird selten kontrolliert. Ich bin nicht sicher, wie es in dieser Hinsicht bei Patience und meinen anderen Nachbarn aussieht. Der südafrikanische Staat toleriert den Aufenthalt ohne Visum im Grunde so lange, bis jemand straffällig wird.

•

20 Prozent der Bewohner in Sea Point – auch das entnehme ich den offiziellen Angaben – sind schwarz. Wegen dieses hohen Anteils wird gern voller Stolz auf das Viertel hingewiesen, sobald die Sprache auf die schwarze Mittelschicht in Kapstadt kommt. Die schwarze afrikanische Mittelschicht wurde lange Zeit ziemlich fanatisch von Europa und insbesondere den Investoren der westeuropäischen Länder gefeiert. Die Mittelschicht kauft, die Mittelschicht konsumiert, sie ist politisch aktiv. Dass die afrikanische Mittelschicht eher ein Wunschtraum des Westens als ein Garant für wirtschaftliches Wachstum und politische Stabilität ist, wurde in den letzten Jahren von verschiedenen Wissenschaftlern dargestellt. Ich möchte hier nur kurz auf die afrikanische Mittelklasse eingehen, weil meines Erachtens die Unternehmensberatungen den Begriff in ihren Studien verwenden, um einen Hype auszulösen, der Firmen ins Land locken soll.

•

Schon allein die Wortwahl »afrikanische Mittelklasse« erscheint bei näherer Betrachtung als nicht zutreffend. In Afrika wird man zur Mittelklasse gezählt, wenn man zwei bis drei Dollar am Tag ausgibt, während in anderen Ländern das Einkommen als Maßstab gesetzt wird. Die Verfasser der Studie wussten sehr genau, warum sie nicht das Einkommen eines Afrikaners als Kriterium anführen: 60 Prozent der afrikanischen *middle class* gehören zur sogenannten *floating class*: Eine Schicht, deren Self-Made-Karrieren auf einem Flickwerk diverser Jobs und Geschäfte gründen, die mal mehr oder eben auch mal weniger Gewinn abwerfen. Diese Schicht kann daher von einem auf den anderen Tag zusammenschrumpfen oder sich jäh aufblähen. Zöge man also die *floating class* von der *middle class* ab, wäre diese – und das ist keine komplizierte Rechnung – verschwindend klein.

•

Dass zudem die in Sea Point lebenden Schwarzen mit 20 Prozent keinen besonders großen Anteil darstellen, sondern vielmehr trauriger Ausdruck einer verfehlten Stadtentwicklungs- und Postapartheidspolitik sind, muss man nicht näher ausführen. Eine Fahrt im Minibus nach Langa oder Khayelitsha oder in eine andere in der Nähe des internationalen Flughafens gelegene Township reicht, um die Wut vieler Menschen in diesem Land verstehen zu können.

Die Fotografien des amerikanischen Fotografen Jonny Miller, der mit einer Drohne verschiedene südafrikanische Städte aus der Luft fotografierte, zeigen die wahren Gegebenheiten. (Später weitete er sein Experiment auf andere Städte aus und zeigte Mexiko City, Mumbai oder Nairobi aus der Vogelperspektive.) Seine Bilderserie »Unequal Scenes« zeigt, was man nicht sieht, wenn man es nicht sehen möchte: Glitzernde Wellblechhütten neben Golfplätzen und Villenvierteln.

•

Nachdem die *National Party* im Zuge der Apartheid die Macht übernommen hatte, wurden die Stadtviertel rigoros in ausschließlich von Weißen bewohnte und dementsprechend in ausschließlich von Schwarzen und ausschließlich von Indisch-Stämmigen bewohnte Gegenden aufgeteilt. Natürlich bevölkerten die Weißen die schönsten Viertel im Zentrum und am Meer wie die City Bowl, Clifton, Camps Bay oder Tamberskloof. Sehr viel geändert hat sich an dieser Situation bis heute nicht. Während meiner Zeit organisierten Schwarze aus den verschiedenen Townships eine Protestaktion in Clifton: Sie stürmten den Strand, um zu zeigen, dass auch sie ein Recht darauf haben, einen der schönsten Strände der Stadt zu nutzen.

•

Eine geografische Trennung durch eine solche Gebietsaufteilung war schon durch Jan van Riebeeck vorgenommen worden, der bei der Errichtung des *Castles of Good Hope* sehr darauf bedacht gewesen war, die Khoikhoi von dem von der VOC bestellten Land fernzuhalten. Die Auseinandersetzung erreichte ihren Gipfel mit dem Ausbruch des ersten Niederländischen-Khoi-Krieges in den Jahren 1659 und 1660. Danach war es den Khoikhoi verboten, sich auf anderen als den zugeteilten, ausgewiesenen Pfaden zu bewegen. In frühen Schriften beschreiben die Niederländer die Khoikhoi als »savages« (Wilde), »cannibals« (Kannibalen) oder »heathens« (Ungläubige), Menschen also (wenn überhaupt), vor denen sich die anderen fürchteten und die auf Abstand gehalten werden mussten, und betrieben so schon zu Beginn der Kolonisation eine radikale Dämonisierung des Fremden. Im weiteren Verlauf der Geschichte Kapstadts wurde es nicht besser. Den Ausbruch der Beulenpest um 1901 nutzte die Gesundheitsbehörde als Rechtfertigung dafür, die schwarze Bevölkerung aus dem *District Six* im Zentrum der Stadt herauszudrängen und in den Uitvlugt-Wald, das heutige Pinelands, zu jagen. Ich habe dieses Viertel nie besucht; es gäbe nicht sonderlich viel dort zu sehen, hatte man mir gesagt, es sei aber eine Gegend im Süden von Kapstadt, in der es sich sehr angenehm leben ließe. Das Viertel ist immer noch für seinen alten

Baumbestand bekannt und scheint daher attraktiv für Familien zu sein, die die Nähe zur Natur suchen. Die Wälder sind allerdings auch die einzige Erinnerung an die unrühmliche Vergangenheit. Natürlich waren die medizinischen Argumente nur vorgeschobene Gründe für die Vertreibung, Weiße litten genauso unter der Pest wie die schwarze Bevölkerung. Aber sie war Vorwand genug, um die Schwarzen vor die Tore der Stadt an einen dunklen und feuchten Ort zu treiben, der ihnen kaum Möglichkeiten bot, ökonomisch voranzukommen und sich ein würdiges Leben aufzubauen.

Im Grunde gibt es diese dunklen Orte heute noch, nur heißen sie anders.

•

Kurz nach meiner Ankunft im Juni 2016 befanden sich die Universitäten in Kapstadt und in anderen Städten in einem von der *Cape Times* und der südafrikanischen *Mail and Guardian* als chaotisch beschriebenen Ausnahmezustand – an den man sich aber wohl gewöhnen müsse, wie sie pragmatisch anmerkten. Die Berichte über die Proteste an den Universitäten waren seit ein paar Jahren fester Bestandteil der Medien. Fast der gesamte universitäre Betrieb war wenige Wochen nach meiner Ankunft eingestellt worden. Fast alle Seminare fielen aus, und es war nicht sicher, ob die Abschlussprüfungen überhaupt abgenommen werden würden. Im Parlament wurde in dieser Zeit über den Haushaltsentwurf für das kommende Jahr diskutiert, der auch das Budget für die Universitäten beinhaltete. Vordergründig ging es bei diesen Protesten, die sich auch unter *#feesmustfall* bei Twitter und auf Facebook formierten, um die Studiengebühren, aber eigentlich kämpften die Studenten für etwas viel tiefer Reichendes, das auch mit Uitvlugt zusammenhängt.

Nach einem Besuch des Campus der UCT, der *University of Capetown* in *Rondebosch* im Süden der Stadt, fiel mir während eines anschließenden Kaffees im *Vida e Caffé* an der *Main Road* (einer der größten Kaffeehaus-Ketten der Stadt, in denen der Kaffee zuverlässig o.k. schmeckt, aber auch nicht mehr) eine Studentenzeitung in die Hände. Ich fand sie sehr gut, weil die Berichterstattung die aktuelle Situation sowohl durch die verschiedenen Formate als auch durch die Auswahl der Interviewpartner, den Ton, in dem viele Artikel verfasst waren, und die grundlegende Haltung, die sie zum Ausdruck brachten, äußerst vielschichtig beschrieb. Im Impressum fand ich die E-Mail-Adresse von Zanele, der Chefredakteurin.

•

Wir trafen uns zu einem ersten Gespräch im *Vida e Caffé* und ich mochte sie sofort.

»Kapstadt ist eine rassistische Stadt«, sagte sie zu mir an einem der folgenden Nachmittage im Juli 2016, an denen wir uns im Steve Biko Gebäude der Universität trafen. Nebenbei ging Zanele mit geübtem Blick die letzten Manuskripte durch, die Kommilitonen noch für die nächste Ausgabe von Varsity zugeschickt hatten. In ein paar Tagen war Druckschluss und Zaneles Blick löste sich kaum von den Seiten. *Varsity*, die renommierte Studentenzeitung der UCT war ihr Baby, wenn man das so sagen darf, mit dem sie neben ihrem Studium der Kommunikationswissenschaften ziemlich viele Stunden in den Räumen der Studentenvertretung verbrachte, die ihr bereitwillig zur Mitbenutzung überlassen worden waren.

Die Zeitung, die während des Semesters einmal wöchentlich erschien, war seit einigen Jahren, wie Zanele mir erzählte, in erster Linie von der progressiven Haltung meist linker Studenten geprägt. Daher war es ein ungeschriebenes Gesetz, dass Zanele eine weiße Stellvertreterin hatte. Diese ging die Texte ebenfalls auf der Suche nach Tipp- oder Grammatikfehlern durch, markierte sie mit Bleistift und später am Computer – und nickte zu Zaneles klarem unanfechtbaren Urteil, das keinerlei Interpretationsspielraum ließ.

•

Zanele erzählte von ihrer fast täglichen Erfahrung, an ihre Hautfarbe erinnert zu werden. Von ihrem Versuch, eine Wohnung zu mieten, indem sie ihre weiße Freundin vorschickte, um bei der ebenfalls weißen Maklerin vorzusprechen, oder dass im Restaurant alle Tische reserviert waren, als sie anrief, doch als eine halbe Stunde später ihr weißer Kommilitone mit typischem Afrikaaner-Nachnamen (wie z. B. Botha, Coetzee oder Van der Merwe) sich erkundigte, plötzlich doch noch einer frei war. Wie sie in Clubs, die in erster Linie von Weißen besucht werden, regelmäßig für eine Prostituierte gehalten wurde. Diese Vorfälle, die sie mir während unserer Treffen schilderte, waren nur einige von vielen, ich könnte die Liste noch beliebig fortführen.

•

Als später die Proteste richtig losgingen und meist schwarze Studenten laut singend mit ihren hochgereckten Schildern *Fees must fall* oder *Education for all* durch die Stadt zogen, erlaubte mir Zanele, an ihrer Seite zu bleiben. Mir fiel auf, dass dies nicht von allen Kommilitonen gutgeheißen wurde, und ich konnte sie verstehen: Ich war eine weiße Reporterin, die gerade ihren Job machte und irgendwann in ihr privilegiertes Leben nach Deutschland zurückkehren würde. Und sie hatten recht: Ich habe keine Ahnung.

Zanele war es egal, was ihre Kommilitonen dachten, zeigte sich unberührt von ihren Blicken. Sie ließ mich nie spüren, dass ich nicht wirklich wusste, wovon sie sprach. Das Wenige, was sie über ihre Kindheit und Jugend in einer Township bei Kapstadt erzählt hatte, vermittelte mir ein recht klares Bild vom Leben dort. In ihrem letzten Jahr an der Universität wollte sie allerdings lieber nach vorn schauen als zurück. Nach ihrem ausgezeichneten Abschluss wenige Monate später bekam Zanele einen Job bei der angesehenen amerikanischen und international tätigen Werbeagentur *Ogilvy & Mather*. Auf den Fotos, die sie heute ab und an auf Instagram postet, sieht ihr heutiges Leben sehr glamourös und erfolgreich aus.

•

Am 3. August 2016 fanden die Kommunalwahlen in den verschiedenen Regionen, Metropolen und Distrikten Südafrikas statt, bei denen auch die neuen Bürgermeister gewählt wurden. Die Regierung erklärte diese alle fünf Jahre durchgeführten Wahlen, die als Stimmungsbarometer der Bevölkerung gewertet werden, zu dem wichtigsten innenpolitischen Ereignis des Jahres. Ich vermutete – und andere, die noch tiefer in diese Thematik eingetaucht waren als ich, teilten meine Annahme –, dass die Entscheidung, erst einmal keine Studiengebühren einzuführen, auch auf die Angst der ANC vor einem Stimmverlust bei den Studenten zurückzuführen war.

In der ganzen Stadt hingen die Wahlplakate der verschiedenen Parteien: das vom *African National Congress* mit dem Porträt von Jacob Zuma, das der *Democratic Alliance* mit einem Bild der amtierenden Bürgermeisterin Kapstadts, Patricia de Lille, und das der *Economic Freedom Fighters* mit Julius Malema, dem Vorsitzenden der EFF. Darüber hinaus gab es noch einige andere Plakate von kleineren Parteien, deren Namen ich mir nicht aufgeschrieben habe, weil sie keine große Rolle in einem Wahlkampf spielen würden, der sich vor allem zwischen diesen dreien abspielte.

•

Von Zanele und vielen meiner Freunde wurde die Wahl mit einer recht unentschlossenen Gelassenheit erwartet, die sich in Schulterzucken und abwinkenden Handbewegungen zeigte und dazu führte, dass auch ich aufhörte, sie ständig nach ihren Erwartungen und Einschätzungen zu fragen. Keiner konnte sich wirklich dazu durchringen, der Wahl große Bedeutung beizumessen. Vielleicht war dies auch eine Art Selbstschutz. Waren sie doch alle daran gewöhnt, dass sich in der südafrikanischen Politik nicht sehr viel bewegt.

Gleichzeitig hofften sie, dass die Wahlen dem damals schon recht ramponierten, amtierenden Präsidenten Jacob Zuma den Todesstoß versetzen würden. Als ich Adriaan einmal nach Julius Malema fragte, riet er mir, seinen Namen auf Youtube einzugeben. Ich stieß auf das Video eines aufgebrachten Mannes, der laut ins Mikrofon brüllte, er wünsche Buren und Weißen den Tod, und verstand, warum Adriaan und seine Freunde ihn mit Sorge beobachteten. Julius Malema verkörpert die schwarze, linke Revolution und damit alles, wovor die Weißen Angst haben.

Zanele würde Julius Malema wählen, wie sie mir recht beiläufig auf dem Weg zur Demonstration gegen die Studiengebühren auf dem Rücksitz eines Minibusses erzählt hatte, der sich mühsam durch den Stau in Richtung Innenstadt fortbewegte. Ich war überrascht.

»Ich möchte, dass er das Land aufrüttelt«, sagte Zanele. Sie war keine Radikale, sie war einfach wütend auf den ANC und der Apathie müde, und irgendwie konnte ich auch das verstehen.

•

Jacob Zuma war damals schon schwer angeschlagen von einer Affäre, die vermutlich als »Gupta-Deal« in die Geschichte eingehen wird und die letztlich wohl auch zu seinem Rücktritt am 14. Februar 2018 führte.

Die Guptas bilden eine Großfamilie mit indischen Wurzeln, der nach dem Ende der Apartheid ein rasanter wirtschaftlicher Aufstieg gelang und die mittlerweile zu den reichsten und einflussreichsten Familien Südafrikas gehört – oder vielmehr gehörte. Wie ich las, gibt es sogar einen Sprecher der Familie, Haranath Ghosh, der der BBC in einem Interview erzählte, dass im Jahr 1993 die Brüder Ajay, Atul und Rajesh Gupta von Uttar Pradesh im Norden Indiens nach Südafrika umgesiedelt waren. Ihr Vater Shiv Kumar Gupta hatte zunächst seinen Sohn Atul vorgeschickt, weil er glaubte, dass Südafrika nach dem Ende der Apartheid ein Land der unbegrenzten Möglichkeiten werden würde wie einst Amerika. Auf seine Familie bezogen sollte er recht behalten.

Zuma hatte schon zu Beginn seiner Amtszeit die Nähe zu dieser großen und schillernden Familie gesucht, etliche seiner Kinder und Verwandten machten in den Unternehmen der Familie Gupta Karriere. Die Verbindungen zwischen Zuma und der indischen Unternehmerfamilie und deren Einfluss auf das politische Geschehen gingen so weit, dass die Guptas regierenden Ministern Geld anboten, um deren Rücktritte zu erwirken. Die Details lesen sich wie ein Wirtschaftskrimi, in dem Macht, sehr viel Geld und politische Entscheidungen zu einem äußerst explosiven Gemisch vermengt sind. Nur wenige Autoren könnten sich derlei komplizierte Verflechtungen und solch skrupellose Machenschaften ausdenken. In dem von der Juristin Thulisile Nomkhosi Madonsela, die in ihrem siebten und letzten Jahr als *Public Protector* die Geschäfte der Regierung kontrollierte, veröffentlichten Bericht, kam der ganze Filz rückhaltlos ans Licht. *Proudly south african.* Diesen Ausdruck hörte ich oft während der Zeit. Er war ursprünglich Teil einer Marketing-Kampagne für Produkte, die zu einem großen Anteil in Südafrika hergestellt wurden, nun aber wurde er als Ausdruck für den Stolz darauf verwendet, dass es eine Kontrollinstanz der Regierung, den *Public Protector* gab – in diesem Fall die äußerst mutige Thulisile Nomkhosi Madonsela. Es war nicht das erste Mal, dass die unsauberen Geschäfte öffentlich wurden, allein deren Dimension war neu. Nach der Veröffentlichung gingen die Menschen auf die Straße und hielten Schilder mit der Forderung *Zuma must fall* hoch. Ich beobachtete die Proteste vom Balkon meines Büros aus und konnte zu diesem Zeitpunkt nicht abschätzen, wohin sie führen würden. Zuma trat erst nach meiner Rückkehr nach Deutschland zurück.

•

Ich gebe zu, dass ich mich nicht für jedes Detail des Wahlkampfs interessierte. Ich verfolgte nicht wie manch einer meiner südafrikanischen Kollegen jedes Politiker-Interview oder jede Übertragung einer Parlamentsdebatte im Fernsehen, auch wenn diese mitunter wegen der Emotionalität, in der sie geführt wurden, recht spannend waren. Es ist keine Seltenheit im südafrikanischen Parlament, dass sich verschiedene Parteimitglieder prügeln oder lautstark beschimpfen. Manche dieser Ausbrüche können Sie auf Youtube finden, aber im Grunde sind sie nicht wirklich interessant – oft werden Sie *Economic Freedom Fighter* sehen, die sich mit Sicherheitsmännern oder anderen Parlamentsmitgliedern anlegen.

Mir erschien das ganze Hin und Her so klar und erwartbar wie zugleich unübersichtlich zu sein. Nach den Prognosen der politischen Analysten würde der ANC bei fast 60 Prozent liegen. Das erschien mir wahnsinnig viel. Das Selbstbewusstsein jeder deutschen Partei geriete vermutlich komplett außer Kontrolle, würde sie bei einer der kommenden Wahlen ein ähnliches Ergebnis erzielen. Schlussendlich landete der ANC bei 56 Prozent, ein Debakel für die Partei. Dass dies so kam, lag an einem Mann, über den schon im Vorfeld der Wahl viel geredet worden war und der den Menschen von vielen Titelseiten der Zeitungen und Magazin-Covern in den Auslagen der Supermärkte entgegenlächelte – und man sich kaum dagegen wehren konnte, sich für ihn zu interessieren. Ich habe nicht nachgezählt, aber ich vermute, dass kein anderer Vorsitzende es öfter auf die erste Seite geschafft hat, noch nicht einmal Jacob Zuma. Ich spreche von dem neuen Vorsitzenden der Demokratischen Allianz, Mmusi Maimane.

•

Die Demokratische Allianz (DA) gilt als politisches Sammelbecken für die weißen Südafrikaner; ein Image, das sie seit Längerem bekämpft. Die Partei weiß, dass sich mit rund 10 Prozent der südafrikanischen Bevölkerung keine Wahl gewinnen lässt, sie hält seit dem Ende der Apartheid sehr beständig die zuverlässige Mehrheit in Kapstadt und im *Western Cape*. Maimane war im Mai 2015 gewählt worden – was wegen seiner Hautfarbe geradezu revolutionär war und immer noch ist. Wie ein Popstar wurde er schon bald in den lokalen und überregionalen Medien als der Obama Südafrikas gefeiert. Besonders die ausländischen Medien waren voller Zuversicht und Hoffnung und sahen in ihm ein Sinnbild der Versöhnung zwischen Schwarz und Weiß und in seiner Wahl einen Schritt hin zur gesellschaftlichen Einigung.

Ich wollte ihn gerne einmal live erleben und fuhr zu seinem Wahlkampfauftritt in Khayelitsha in die Township. Während ich mit anderen im Nieselregen auf ihn wartete, kam ich mit Lolita ins Gespräch. Sie arbeitete als Kindergärtnerin in Khayelitsha und schien keinen Zweifel daran zu haben, dass die DA auch für sie, eine Schwarze aus einer Township, die richtige Wahl war. Sie hätte schon immer DA gewählt, berichtete sie mir, und war vor mittlerweile zwei Wochen in die Partei eingetreten. Sie hat mir nicht genauer erklärt, wie und aus welchen Gründen ihre Gesinnung entstanden war, aber sie war von der DA überzeugt, das war offensichtlich. Als Zeichen der Zugehörigkeit hatte sie sich das blaue DA-T-Shirt über ihren Pullover gezogen. Maimane kam dann in einem beigen Mantel, und sein ganzer Auftritt wie auch die Art und Weise, in der sein Mantel ihn umwehte, ließ mich unwillkürlich an einen Studenten aus Oxford oder Cambridge denken. Die Partei versuchte, ihn als den afrikanischen Obama aus Soweto zu vermarkten. Selbst das Logo und die Strategie der Kampagne erinnerten an Obama.

Kokosnuss nennen ihn diejenigen, die finden, dass er sich an eine Gesellschaft von und für Weiße anpasst. Das ist alles andere als ein Kompliment. Wenn Sie eine Vorstellung von dem Spagat eines Menschen zwischen Anpassung und Rebellion in einem immer noch von Weißen dominierten Land bekommen möchten, dann empfehle ich Ihnen das Buch *Kokosnuss* von Kopano Matlwa. Sie erzählt die berührende Geschichte von zwei schwarzen Teenagern im heutigen Südafrika und ihrer Suche nach Identität.

•

Maimane, das jedenfalls war mein erster Eindruck, bewegt sich mühelos zwischen verschiedenen Welten und Kulturen. Während seiner Rede fiel er immer wieder in eine andere Sprache, von Afrikaans zu Xhosa, von dort in Englisch. Er hat Theologie studiert und kann, wie so viele Geistliche, gut reden.

Vielleicht haben diejenigen Analysten recht, die ihm vorwerfen, er sei nur ein Symbol, inhaltlich hingegen zu schwach. Ich persönlich habe keine Abneigung gegen Symbolik, die Politik lebt von ihr. Immerhin hatte er erreicht, dass seine Partei dem ANC wichtige Machtzentren wegnehmen konnte. Auch insofern schien etwas in Bewegung gekommen zu sein, und das gefiel mir; Adriaan und Zanele bewerteten die Verluste des ANCs ebenfalls positiv. Beide wünschten sich vor allem, dass irgendetwas passierte und das Land aus seiner politischen Erstarrung aufwachte, die der lange Machterhalt der ANC mit sich gebracht hatte. Interessanterweise bekam die DA in einigen Provinzen die Unterstützung des EFF. Nur durch diese gelang ihr eine Regierungsbildung. Dass sich diese Koalition im Laufe der Zeit, bisweilen im Streit, wieder auflöste, brachte zwar erneut Unruhe in das politische Gefüge, aber dennoch stimmte mich die Zusammenarbeit dahingehend optimistisch, dass das ganze System ohne eine Übermacht des ANC beweglicher und offener werden würde.

Euro-Trash

In Nairobi hatte ich das erste Mal die Gelegenheit gehabt, einige weiße Südafrikaner näher kennenzulernen. Es waren klassische *Expats*, die wegen ihrer Jobs für zwei, drei Jahre in die kenianische Hauptstadt gezogen waren. Nick, der in der Wohnung direkt über mir wohnte, arbeitete bei *Enatel Energy*, einem neuseeländischen Energieunternehmen, das den aufstrebenden afrikanischen Markt von Nairobi aus erobern wollte. Irene, die ich auf einer Party bei Nick kennenlernte, war Menschenrechtsanwältin, und auch Adriaan traf ich in Nairobi, wo er als *Consultant* die World Bank im Bereich Mikrokredite beriet.

Alle drei waren sehr freundlich und erfüllten nicht annähernd das Klischee des grobschlächtigen, weißen und rassistischen Südafrikaners. Ich ertappte mich dabei, dass ich ihnen erst einmal recht distanziert gegenübertrat und ihren Gesprächen in der Befürchtung, sie könnten sich als Rassisten entpuppen, mit überaus aufmerksamer Skepsis folgte.

Sie haben mir an verschiedenen Abenden in Nairobi sehr differenziert die aktuelle politische und gesellschaftliche Situation in ihrem Land beschrieben und sowohl ihre persönliche als auch die Geschichte des Landes mit großer Ernsthaftigkeit reflektiert. Dass ich später nach Kapstadt ging, hing unter anderem mit ihren Erzählungen zusammen. Mir erschien ihr Land im wahrsten Sinne des Wortes unfassbar zu sein. Jede ihrer Erzählungen barg unverhofft wieder etwas überraschend Neues, beleuchtete einen weiteren Aspekt, zeigte eine neue Facette, die wiederum einen Gedanken auslöste, der dem widersprach, den ich kurz vorher noch gefasst hatte.

•

Mit Adriaan blieb ich, auch nachdem wir beide Nairobi verlassen hatten, in Kontakt. Wir schrieben uns lange E-Mails, in denen wir uns auch über Bücher austauschten, die wir gerade entdeckt hatten. *Schande* oder *Disgrace* von dem südafrikanischen Autor John Maxwell Coetzee beeindruckte uns gleichermaßen während der Lektüre in Hamburg und Kapstadt. Der Schriftsteller bekam 2003 den Literaturnobelpreis und gehört zu den wichtigsten Stimmen Südafrikas. In *Schande* zeichnet er die Entwicklung eines weißen Professors nach, der verdächtigt wird, eine Studentin vergewaltigt zu haben, und daraufhin auf die Farm seiner Tochter flieht. Was mich und Adriaan nachhaltig beschäftigt, ist der unterdrückte Rassismus und die allgegenwärtige Angst vor den Schwarzen, die aus vielen Sätzen dieses Romans spricht und die der Autor in einer atmosphärischen Dichte zu beschreiben weiß, ohne über die Protagonisten zu urteilen.

Während der ersten Wochen meines Kapstadtaufenthaltes bei Adriaan beschrieb er mir die Feindbilder, die ihm während seiner Kindheit und Jugend zu Apartheidszeiten von den unterschiedlichsten Personen in seinem Umfeld – von Familienangehörigen, Lehrern oder Predigern der protestantischen Sonntagsschule – eingetrichtert worden waren. Es lauerten drei Gefahren, vor denen er sich hüten solle: die Roten (die Kommunisten, die in Angola die Macht übernommen hatten), die Katholiken (die es überall in Südafrika gab) und die Schwarzen (die in den Jahren seiner Kindheit verstärkt und teilweise auch mit Gewalt die Gleichberechtigung forderten). Adriaan hatte als Kind der weißen Mittelschicht in dem Vorort von Durban, in dem er aufwuchs, nicht viel von den Ausschreitungen mitbekommen. Er hatte weder brennende Townships oder Regierungsgebäude gesehen, noch war er vor Straßenschlachten oder Panzern der Regierung geflohen und hatte auch keine Begräbnisse von Verwandten, die im Kampf gegen die NP erschossen worden waren, besuchen müssen.

•

Es ist wichtig zu wissen, dass sich die weißen Südafrikaner in zwei große Gruppen einteilen lassen, die sich hinsichtlich ihrer Geschichte, ihrer Mentalität und ihrer Sprache stark unterscheiden: die der Weißen niederländischer Herkunft, der Afrikaaner, und die der Weißen mit britischen Wurzeln. Bevor sich beide während der Apartheid gegen die Schwarzen verbündeten, hatte es etliche Auseinandersetzungen zwischen ihnen gegeben, die ihren blutigen Höhepunkt in den Anglo-Burischen Kriegen fanden, aus denen die Niederländer 1902 schließlich siegreich hervorgingen.

Mich interessierten besonders die Afrikaaner, wahrscheinlich weil ich weder ihre Sprache verstand noch ihre altertümlichen Bräuche und Traditionen nachvollziehen konnte und sie irritierend konservativ fand. Darüberhinaus interessierte mich, wie junge weiße Südafrikaner heute mit der Bürde der historischen Schuld in ihrem Land leben. Einer Schuld, mit der sie jeden Tag konfrontiert werden und die mich an die unmittelbare Nachkriegszeit und die Situation der Folgegenerationen in Deutschland denken ließ. Es steht in jedem Geschichtsbuch: Die Afrikaaner waren treibende Kraft beim Aufbau des Apartheidstaates und der Verbreitung der Rassenideologie. Einen guten Überblick über die Vorgänge bietet *A short history of South Africa* von Britten Gail Nattrass, dessen ungeheuer kenntnisreiche Beschreibungen und präzise Analysen mich immer wieder überraschen.

Die Afrikaaner haben den Ruf, nicht wahnsinnig tiefsinnig und intellektuell zu sein. Diese Charakterisierung erwähnen sie auch immer wieder nicht ohne Selbstironie und begründen sie damit, dass es vor allem einfache Bauern und Ungelernte waren, die ab dem 17. Jahrhundert aus den Niederlanden nach Südafrika geflohen waren, um sich dort ein neues und besseres Leben aufzubauen. Es waren eben keine Aristokraten oder die Bourgeoisie, die damals auf den Schiffen der VOC anheuerten. Natürlich blieben über die Jahrhunderte hinweg nicht alle Buren einfache Farmer.

Und heute sieht es natürlich wieder ganz anders aus. Adriaan kennt die Schriften von Kant, die Theorien von Franz Fanon und Steve Biko und die Romane von Nadine Gordimer. Doch selbst wenn die Generation seines Großvaters Kants Ethik bereits gekannt hätte, wäre vermutlich ein Staat errichtet worden, der Menschen aufgrund ihrer Hautfarbe diskriminiert.

•

Das Leben eines Großteils der Afrikaaner spielte sich vor 1948 in erster Linie zwischen der Arbeit auf den Feldern und dem sonntäglichen Kirchgang in der beständigen Sorge, die Kinder mit der Ernte durchzubringen, ab. Es ist ein Irrglaube, dass Weiße in Südafrika schon immer wohlhabend waren, viele erlangten erst während und durch die Apartheid einen bescheidenen Wohlstand. Der Vater von Adriaan litt zum Beispiel, wie er mir erzählte, während seiner Kindheit und Jugend auf dem Hof seiner Eltern immer wieder Hunger. Er wurde später dann ein angesehener Augenarzt in Durban, der vor seiner Pensionierung zu Kongressen auf der ganzen Welt flog.

Natürlich sind die während seiner Kindheit und Jugend erlittenen Entbehrungen nicht annähernd mit dem Leid der Schwarzen seit 1948 zu vergleichen. Wäre seine Hautfarbe schwarz gewesen, wäre ihm ein Studium und damit auch das Einkommen, das er wiederum in die Ausbildung seiner vier Kinder steckte, schlicht nicht ermöglicht worden.

•

Insgesamt machen die Afrikaaner heute weit weniger als 10 Prozent der Gesamtbevölkerung Südafrikas aus. Es herrscht sogar eine vage Angst vor dem Aussterben und dem Verlust ihrer Traditionen und Bräuche. Tatsächlich lässt sich ein Rückgang der weißen Bevölkerung in Südafrika festmachen, und Forscher schätzen, dass sich dieser auch in Zukunft nicht aufhalten lassen wird. Sie gehen davon aus, dass bis 2021 rund 112 740 weiße Südafrikaner das Land verlassen werden.

Es gilt daher, wie mir berichtet wurde, auch das ungeschriebene Gesetz, ein Afrikaaner solle ausschließlich eine Afrikaanerin heiraten, um damit ihre Traditionen, die Religion und die Sprache ohne den familiären Einfluss einer anderen Kultur zu erhalten. Es sei nichts Ungewöhnliches, wenn Eltern auf einen Partner allein wegen seines anderen kulturellen Hintergrunds äußerst zurückhaltend reagieren. Ich hörte Sätze wie: »Ich bin ja kein Rassist, aber ... eine Schwarze würde ich nie daten.« Diese Vorbehalte gelten allerdings auch gegenüber Weißen britischer Herkunft oder denen aus anderen Ländern Europas ohne familiären Afrikaaner-Hintergrund.

•

Aus diesem Muster auszubrechen wird dadurch erschwert, dass die Familienstrukturen der Afrikaaner oft immer noch sehr hierarchisch untergliedert sind. Ein Bekannter berichtete mir von einem Familienfest, auf dem sein Onkel immer wieder rassistische Äußerungen gemacht hatte. Er hat mir nicht näher beschrieben, was sein betrunkener Onkel im Einzelnen über Schwarze gesagt hat, aber es muss schlimm gewesen sein. Als Antwort auf seine Frage, was er dagegengesetzt hätte, hatte ich erwartet, er habe natürlich lautstark protestiert. Ich kann nicht mit Sicherheit sagen, ob seine Familie besonders traditionell ist und es sich vielleicht aus diesem Grund für ihn verboten hatte, dem Älteren zu widersprechen, jedenfalls antwortete er mir, er selbst habe nichts erwidert, immerhin habe aber seine Mutter ihrem Bruder Konter gegeben.

Was viele Afrikaaner-Familien verbindet, ist ihr tiefer Glaube an Gott und die schicksalhafte Fügung, dass es auf der Erde nicht viel gibt außer harter Arbeit und deren Entlohnung im Himmel. Calvin und seine asketische Lehre werden bei den konservativen Familien bis heute beim Wort genommen. Es gibt natürlich auch jene, die ohne den Glauben an ein Paradies jeden Tag ihren Hedonismus ausleben, als wäre es ihr letzter auf Erden. Es ist aber bis heute nichts Ungewöhnliches, dass ein Mittdreißigjähriger neben einer Bibel auf dem Nachtisch schläft und sein Wochenende auf einer Kirchenfreizeit verbringt. Auch die Errichtung des Apartheidstaates wurde wie schon zu allen Zeiten etliche andere unmoralische und unchristliche Handlungen mit der Religion begründet. Der erste Präsident des Apartheidstaates war der Geistliche D. F. Malan. »Was Gott getrennt geschaffen hat, darf nicht vereinigt werden«, war einer seiner viel zitierten Sätze, mit denen die Rassentrennung gerechtfertigt wurde.

•

D. F. Malan wird immer wieder als besonders humorlos beschrieben. Vielleicht hatte er sich nur seine Gefühle nicht anmerken lassen wollen, um seine politische Stellung zu sichern, vielleicht aber hat auch die Geschichtsschreibung Malan rückblickend als besonders freudlos beschrieben, weil das von ihm errichtete System menschenunwürdig war. Er könnte durchaus Humor gehabt haben, das eine schließt das andere ja nicht aus. Im Apartheidsystem erkannten die Afrikaaner die Chance, ihre Daseinsberechtigung in einem Staat zu manifestieren, den sie sich seit dem 14. Jahrhundert in verschiedenen, besonders gegen die Briten geführten Kämpfen, angeeignet hatten.

Überraschenderweise verhielten sich die Südafrikaner in den 50er-Jahren völlig anders als die Westeuropäer: Hatte man in vielen europäischen Staaten nach dem Zweiten Weltkrieg genug von nationalistischen Strömungen und gab teilweise überraschend schnell den zu dieser Zeit aufkommenden Unabhängigkeitsbestrebungen in den afrikanischen Kolonien nach, agierte man in Südafrika genau entgegengesetzt. Allerdings muss erwähnt werden, dass dem nachgiebigen Verhalten in den Kolonien vor allem wirtschaftliche Erwägungen zugrunde lagen und es sicher nicht nur durch humanistische Einsicht bedingt war.

In Südafrika verstärkten die Befreiungskämpfe auf dem ganzen Kontinent die Angst vor den Schwarzen und vor dem Machtverlust im eigenen Land. Angesichts der kollabierenden Machtsysteme der weißen Kolonialherren in allen Nachbarländern wurden nun die bereits bestehenden Machtstrukturen mittels Gesetzen zementiert. Denn natürlich waren die schwarzen Südafrikaner auch in den Jahrhunderten zuvor niemals gleichgestellt gewesen. Dies war nur mittlerweile von allen als natürliche Ordnung hingenommen und von niemandem infrage gestellt worden. Jetzt aber, während der schwarzen Emanzipation in den anderen Ländern, fanden es die Afrikaaner unabdingbar, das bestehende rassistische System in Gesetze und Paragrafen zu fassen, bevor ein schwarzer Südafrikaner ernsthaft auf die Idee kommen könnte, sich möglicherweise sogar mit kriegerischen Mitteln das zu holen, was ihm zusteht.

•

PP

P

ILLEGALLY
PARKED
CARS WILL BE

TOILET

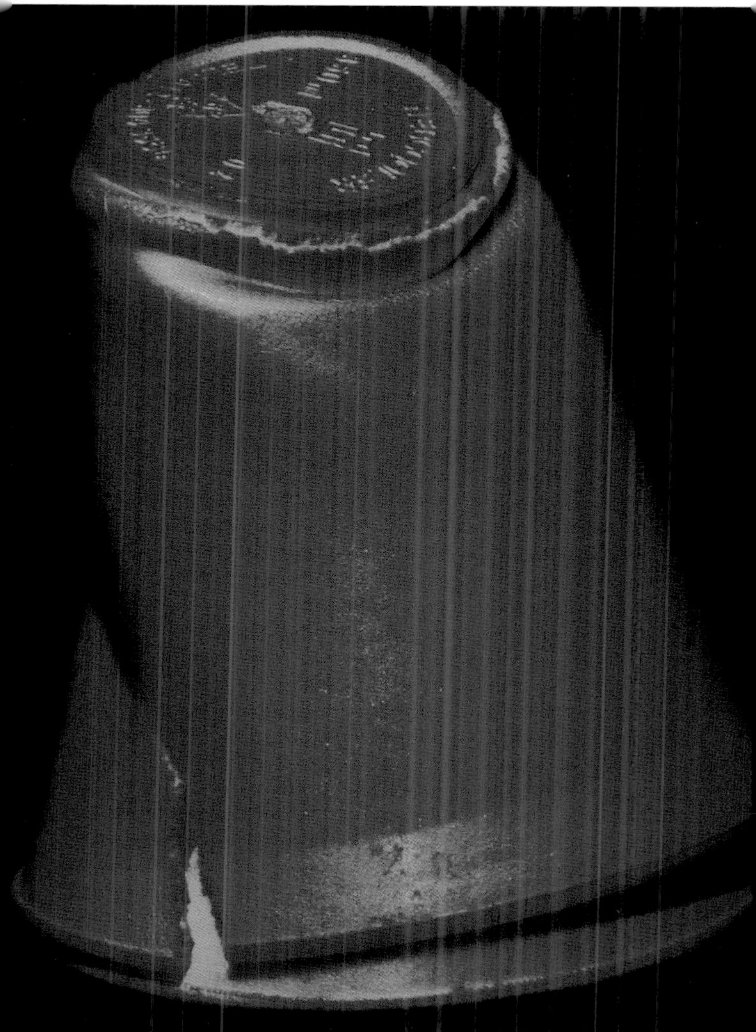

Jesus IS
BACK

CASH FOR
YOUR CAR

•

Nachdem Malan und seine Partei in der Zeit nach dem Zweiten Weltkrieg an die Macht kamen, begann in der südafrikanischen Geschichte der sogenannte *cold war*, der – anders als der Konflikt zwischen dem sogenannten Ostblock und dem Westen – in den Jahren 1959/60 in den *hot war*, einen Bürgerkrieg, umschlug.

Der *cold war* legte den Grundstein für die Rassentheorie der südafrikanischen Nationalisten, die, salopp gesagt, davon ausgingen, es sei schlicht besser für die Weißen und die Schwarzen, getrennt voneinander zu leben.

Nach dem Ende der Apartheidspolitik 1994 wollten viele so schnell wie möglich, und ohne eine Auseinandersetzung mit jener vorangegangenen Zeit, eine gewisse Normalität herstellen – und streben dies auch heute noch an. Das Ringen um das Anerkennen einer Schuld kennt man auch aus unterschiedlichen Zusammenhängen in Deutschland: Es hat beispielsweise über ein Jahrhundert gedauert, bis die Verbrechen an den Herero und Nama in Namibia durch die deutsche Kolonialmacht in den Jahren 1904 und 1908 schließlich als Völkermord anerkannt wurden. Eine offizielle Entschuldigung steht immer noch aus.

Die Bemühungen in Südafrika, die Spuren und Beweise für den Rassismus während der Apartheid zu beseitigen, gibt es weiterhin. Noch 2013 wurden allein in Kapstadt sechs Straßen unbenannt. Eine davon war der *Hendrik Verwoerd Drive*, der sich in Richtung Norden unterhalb des großzügigem *Tygerberg Nature Reserve* entlangschlängelt – ein beliebtes Ausflugsziel für Familien aus den nördlichen Stadtbezirken. Verwoerd war Premierminister zwischen 1958 und 1966 und eine der treibenden Kräfte bei der Implementierung der Apartheidsgesetze gewesen. Heute heißt die Straße *Bram Fischer Drive*, benannt nach dem Menschenrechtsanwalt Abram Louis Fischer. Fischer entstammte einer recht einflussreichen afrikaanischen Familie aus Bloemfontein, der Hauptstadt von Freistaat, eine der bis heute konservativsten südafrikanischen Provinzen. Fischer selbst aber war ein Rebell. Er trat während der Apartheid der Kommunistischen Partei bei und erlangte als Anwalt von Nelson Mandela nationale Berühmtheit, weil er während der Rivonia-Prozesse von Oktober 1963 bis Juni 1964 erwirkte, dass das Todesurteil gegen die Angeklagten in eine lebenslange Haftstrafe umgewandelt wurde. Dass Nelson Mandela 20 Jahre später als freier Mann der erste schwarze Präsident Südafrikas werden konnte, ist auch Fischer zu verdanken.

•

Es gibt einige interessante Parallelen zwischen dem heutigen Südafrika und Deutschland nach 1945. Dessen zunächst vehementer Widerstand gegen die Auseinandersetzung mit der nationalsozialistischen Vergangenheit und seinem unrühmlichen Erbe ähneln der unentschiedenen Haltung Südafrikas bei der Aufarbeitung der Verbrechen während des Apartheidregimes. Und auch dem mir aus Deutschland bekannten Schweigen und der Schwierigkeit der älteren Generation, mit der jungen über die Vergangenheit zu sprechen, begegnete ich in Südafrika wieder.

Der Philosoph Achille Mbembe aus Kamerun, einer der klügsten zeitgenössischen Denker, auf den ich später noch zu sprechen kommen werde, bezeichnet die weißen Südafrikaner während und auch nach dem Ende der Apartheid als *geistige Exilanten*, als Realitätsverweigerer, die von all dem nicht viel mitbekommen haben wollen, weil sie ins geistige Exil gegangen waren. Sie sprechen auch heute noch davon, dass sie sich zwar gerade in Südafrika aufhalten, aber eigentlich woanders hingehören.

•

Ich habe nicht selten Gespräche verfolgen können, in denen Afrikaaner und auch Südafrikaner britischer Herkunft mit melancholischer Sehnsucht von einem

Europa träumen, das sie nie erlebt haben. Manche von ihnen haben noch einen niederländischen, britischen oder deutschen Pass, weil ihre Eltern oder Großeltern einen besaßen, und damit die Chance, ohne große Schwierigkeiten ein Visa zu bekommen und ihr Glück auf dem europäischen Kontinent zu versuchen. Sie studieren oder arbeiten für ein paar Jahre bei Versicherungen, Banken oder Beratungsfirmen in den Niederlanden oder in Großbritannien.

Einem aufgekratzten Anwerber war ich ein paar Tage vor seiner Abreise in einer Bar in der *Bree Street* begegnet. Er hatte zusammen mit Adriaan in Stellenbosch studiert und wollte nun nach Hamburg ziehen. Ihn halte hier nichts mehr, sagte er, die politische Situation werde immer unsicherer, besonders für Weiße. Er wolle nur weg, einen Job bloß irgendwo anders finden. Ich habe nie wieder etwas von ihm gehört. Ich weiß nicht, ob er die Stelle bei *Otto*, wo er zu einem Interview eingeladen worden war, bekommen und auch tatsächlich angenommen hat und im hohen Norden glücklich geworden ist.

Einige halten es, obwohl sie ständig betonen, in Europa sei alles besser, trotzdem nur ein paar Jahre dort aus. Sie haben bei der Rückkehr oft das Gefühl gescheitert zu sein, weil sie in Europa nicht Fuß fassen konnten – was nur in den wenigsten Fällen wirtschaftliche Gründe hatte. Die meisten kommen wieder, weil sie ihr Land vermissen, ihre Sprache, ihre Familie. Trotzdem bleibt Europa ein Sehnsuchtsort, besonders nach einem Rückschlag: »Wenn es hier noch schlimmer wird, dann ...«

In diesem Zusammenhang hörte ich zum ersten Mal den Begriff *Euro Trash,* als den sich eben diejenigen so ernsthaft wie selbstironisch bezeichnen, deren Vorfahren oder die es selbst nicht hinbekommen hatten, in Europa eine Existenz aufzubauen. Der europäische Abfall, eine Art Zweite-Klasse-Europäer, die sich hier in Südafrika ansammeln.

Sie haben nicht viel mit den jungen, reichen, heroinsüchtigen Europäern gemein, die in den 70er-Jahren an der US-Küste anlangten und den Begriff *Euro Trash* prägten. Sie zeichnete damals vor allem aus, dass sie im Gegensatz zu den arbeitsamen Amerikanern nicht 12 Stunden am Tag an der Wall Street arbeiteten, sondern bis in den Morgen hinein ekstatisch in den Clubs tanzten und sich wenig darum scherten, was am nächsten Tag auf ihrer Agenda stand.

Corner Bar

Mothercity wird Kapstadt auch genannt, und diese Bezeichnung ist so trügerisch wie der Begriff »Regenbogennation«. Der Spitzname entstand in den 30er-Jahren des 20. Jahrhunderts, als Kapstadt die einzige größere Stadt Südafrikas war. Das Wort Metropole leitet sich aus den griechischen Begriffen metros (Mutter) und polis (Stadt) ab, also der Mutter-Stadt, der *Mothercity*. Es gibt folglich etliche Mother-Citys, aber nur Kapstadt hat es geschafft, diesen Namen selbstbewusst bis heute zu tragen. Er erweckt den Eindruck, die Stadt empfange seine Bewohner und Besucher mit offenen Armen und drücke sie an ihre mütterliche, weiche Brust. Was sie in gewisser Weise auch tut, besonders zu Beginn eines Aufenthalts, wie ihre Beliebtheit unter den Reisenden und Träumern zeigt. Aber dieses Glück währt oft nicht lange. Kapstadt ist eine eher schizophrene Mutter, die das Kind mal an sich heranzieht, um es dann wieder unvermittelt wegzustoßen.

•

Wenn ich unter all den Plätzen in Kapstadt einen ausmachen sollte, an dem man sehen kann, was aus Menschen mit dem Gefühl wird, ihre bislang fürsorgliche Mutter habe sich abrupt von ihnen abgewendet und die daher jetzt die Welt nicht mehr verstehen (und schon gar nicht ihre Mutter), würde ich die *Corner Bar* nennen, über die ein Onlineportal zu Unrecht urteilt: *Very filthy and dated. Incredibly dodgy crowd of alcoholics, street people and other lowlifes hanging out here. Really not worth it.*

Ich selbst hätte die unscheinbare Bar sicherlich übersehen, hätte ich nicht von einem Schweizer Magazin für eine kurze, unterhaltsame Rubrik auf der letzten Seite »Auf einen Drink mit« den Auftrag bekommen, einen Barkeeper in Kapstadt zu interviewen. Daher war ich an einem Samstagmittag einfach drauflosgelaufen, um eine Bar und besser noch einen interessanten Barkeeper zu finden. Die *Corner Bar* war schlichtweg die erste, an der ich vorbeikam.

Sie liegt an der *Main Road*, vielleicht zehn Minuten zu Fuß von der *Dudley Road*, Ecke *Conifer Road*, die sich recht steil den Berg bis zur *High Level Road* hochwindet. Direkt daneben befindet sich das schmale Gebäude der LAL-Sprachschule. Die Schule zieht Jugendliche aus der ganzen Welt an, die nach Kapstadt reisen, um maßgeblich Englisch zu lernen, und zugleich dem Winter in Europa zu entfliehen – und die sich auch, wie ich später feststellen sollte, ab und zu in die *Corner Bar* verirren. Vor der Tür stehen unprätentiöse, grobe Holzbänke, über ihr prangt in blauer Leuchtschrift ihr Name. Aber im Gegensatz zu den Cafés, Bars und Restaurants, die in den letzten Jahren an der *Main Road* aus dem Boden geschossen sind, z. B. das *Bootleggers* oder das *Scheckter's Raw*, hat sich die *Corner Bar* nicht den Bedürfnissen der hippen und urbanen Elite angepasst. Im *Bootleggers* können die Besucher zwischen einer unübersichtlichen Anzahl von Milchsorten und Kaffeebohnen wählen, mit der selbst ein Café in Berlin-Mitte nicht mithalten könnte, während im *Scheckter's Raw* (vor meinem Aufenthalt wusste ich nicht, dass es so etwas gibt) für die Zubereitung der Gerichte nur rohe Zutaten verwendet werden. Einmal aß ich dort einen Salat, der mit Rote-Beete- und Kohlrabi-Chips bestreut und auf Seetangblättern gebettet war, er schmeckte nicht schlecht.

Die *Corner Bar* wirkt in dieser Nachbarschaft wie aus der Zeit gefallen. Sie ignoriert das Voranschreiten der Zeit und verharrt stur in den 60ern. Ich mochte das Selbstbewusstsein, das Unangepasste, das hier jeder noch so durchgesessene Stuhl ausstrahlt. Hier hatte man sich nicht die Mühe gemacht, das Interior dem neuen, globalen Geschmack anzupassen, um Touristen oder andere von weither angereiste Menschen anzuziehen, die es gewöhnt sind, dass die Bars überall auf der Welt gleich aussehen und für die es keine Rolle spielt, ob sie ihren Moscow Mule oder Whiskey Sour in London, Kapstadt oder Rom trinken. In der *Corner Bar* gibt es diese Getränke nicht. Die holzvertäfelten Wände sind übersät mit Karten voller animierender Trinksprüche und Lebensweisheiten, was in der Kombination etwas sehr Trostloses hat. Wegen des dunklen Holzes und der kleinen Fenster ist es in der Bar auch bei Sonnenschein immer dämmrig. Meist laufen im Fernseher Rugby- oder Fußballspiele, die den Trinkern immer wieder Anlass zu lautstarken emotionalen Ausbrüchen geben.

Es war um die Mittagszeit oder am frühen Nachmittag, als ich zum ersten Mal die *Corner Bar* betrat. Manch einer der Gäste saß schon vor seinem Tusker-Bier. Hinter der Bar stand der 56-jährige Paul Friedmann, der aber genauso gut 40 Jahre alt hätte sein können. In modischer Hinsicht hat er seinen ganz eigenen Stil: Er trägt immer einen Hut, der seine Haut vor der Sonne schützt und die vielleicht gerade deshalb so jung und faltenlos geblieben ist. Sein Lebenswandel entspricht nicht dem eines klassischen Barkeepers, er versucht alle Wege zu Fuß zurückzulegen und schwimmt sooft es geht im eiskalten Ozean.

Er hat mir nicht nur sein Lieblingsgetränk verraten (Bier, weil es ihn nicht so schnell betrunken macht), sondern auch sein ganzes Leben erzählt: Er ist deutscher Abstammung und jüdisch, praktiziert aber den Glauben nicht. Die jüdische Gemeinde in Kapstadt ist recht groß. Weil etliche Juden in Seapoint siedelten, trifft man hier nicht selten auf alte Orthodoxe mit langen Bärten und junge Männer mit Kippa. Die Geschichte der Juden in Südafrika beginnt bereits mit den ersten weißen Siedlern. Eine brutale Verfolgung wie unter den deutschen Nationalsozialisten erlebte das Land sogar trotz der nationalistischen Gesinnung der Apartheitsbefürworter nicht. Doch wenn auch die nationalistische Partei ausschließlich am Feindbild des Schwarzen festhielt, gab es Antisemitismus, der sich ganz unverhohlen zeigte, als in den 30er-Jahren ein in den Hafen einlaufendes deutsches Schiff mit vor den Nazis fliehenden Juden an Bord von weißen Südafrikanern mit Buh-Rufen empfangen wurde. Es ist daher nicht verwunderlich, dass Juden zwar aufgrund ihrer Hautfarbe zu den Privilegierten gezählt und dennoch nicht als dazugehörig akzeptiert wurden. Das erklärt vielleicht, warum unter den progressivsten und offensten weißen Südafrikanern, die vehement die Abschaffung der Apartheid forderten und diesen Widerstand bis heute verkörpern, etliche Juden waren – unter ihnen die Schriftstellerin Nadine Gordimer und der Menschenrechtsaktivist und Richter am südafrikanischen Verfassungsgericht Albie Sachs.

•

Beide zählen zu den einflussreichsten und beeindruckendsten Personen der jüngsten Geschichte Südafrikas. (Da die NP während der Apartheid Gordimers Bücher auf die schwarze Liste gesetzt hatte, erlangte sie zunächst nur im Ausland Ruhm und erhielt 1991 den Literaturnobelpreis; Sachs war Mitglied des Kommitees, das im Auftrag von Nelson Mandela die Verfassung für Südafrika entwarf und wurde unter Mandela von 1994 bis 2009 zum Verfassungsrichter berufen.) Beide verkörpern über ihre gesellschaftliche Stellung hinaus eine innere Weite und eine mit klarem, genauem Blick einhergehende Differenziertheit des eigenen Urteils. Genau zu bleiben ist kräftezehrend und macht angreifbar. Die ambivalente Haltung, die ihnen aufgrund ihres Denkens in facettenreichen Grautönen und Schattierungen entgegengebracht wurde (in diesem Land wohlmöglich die radikalste und anstrengendste Form, sich zu positionieren und entsprechend zu handeln), zeigt sich darin, dass Gordimers 1981 erschienenes Buch *Julys Leute* schon 2001 an den Schulen verboten wurde, weil es unter anderem den blutigen Kampf der Schwarzen gegen die Weißen thematisiert. Auch die neue Regierung schien Schwierigkeiten zu haben, Nuancen wie die zuzulassen, dass der Befreiungskampf nicht nur von Heiligen geführt worden war.

In *Julys Leute* beschreibt sie die Furcht einer weißen Farmerfamilie vor dem Verrat ihres ehemaligen Dieners July, der sie während einer nächtlichen Hetzjagd vor der Rache der schwarzen Befreiungskämpfer bei seinem Stamm versteckt. Die Familie, die 15 Jahre lang die Herrscher über ihn war, ist nun July und seinem Volk ausgeliefert. Die mit jedem Tag anwachsende Beklemmung und unterdrückte Panik wird durch das Wissen verstärkt, in den letzten Jahren July zu einem Menschen gemacht zu haben, der jeden Befehl widerstandslos ausführt: »Er hat immer getan, was Weiße ihm befohlen haben. Das Passbüro. Die Polizei. Wir. Wie sollte er nicht tun, was Schwarze ihm befehlen ...?«

•

Paul wohnt seit anderthalb Jahren in Seapoint, in der Nähe der *Main Road*. Nachdem er wieder mit seiner Frau zusammengekommen war, die sich zwei Jahre zuvor von ihm hatte scheiden lassen, zog er zu ihr in die Wohnung, die sie sich nach der Scheidung gesucht hatte. Über die neue, alte Beziehung sei er sehr froh, sagte er, ohne näher darauf einzugehen, was zur Trennung und was wieder zur Annäherung geführt hatte.

Während der Apartheid hatte er sieben Jahre lang Medizin studiert, dann aber kurz vor dem Examen alles hingeschmissen. Die Ärzte in den Krankenhäusern sähen nicht glücklich aus, war seine knappe Erklärung für diesen radikalen Schritt. Er fing noch einmal von vorn an. Weil er Pflanzen liebte, begann er ein Studium der Landschaftsarchitektur. Nach dem Ende der Apartheid fand er eine Anstellung als Gärtner auf dem Regierungsgelände. Nelson Mandela und seinen Nachfolger Thabo Mbeki sah er kommen und gehen. Er hätte sogar ein Foto von sich und Mandela und den anderen Gärtnern, erzählte er und versprach, es mir bei meinem nächsten Besuch zu zeigen. Doch als Gärtner ausreichend zu verdienen, wurde für ihn mit der Zeit immer schwieriger, nicht nur, weil der Klimawandel das Gärtnern aufwendiger und teurer und Wasser zu einem Luxusgut machte, sondern auch, weil sich das politische Klima nach Mbeki nicht zu seinen Gunsten entwickelte. Die politischen Ereignisse, der Wechsel an der Staatsspitze beendeten schließlich seine berufliche Karriere als Gärtner in der Nähe der Mächtigen. Jakob Zuma und seine Unterstützer entließen ihn schließlich aus heiterem Himmel und wenig respektvoll – fortan pflegte er mal hier ein Beet und mal dort, aber so richtig kam er nicht mehr auf die Füße. Er erzählt das im Gegensatz zu vielen seiner Stammgäste, die der festen Überzeugung sind, dass die Schwarzen ihnen die Jobs wegnehmen, ohne jede Wut. Unter seinen Gästen finden sich immer wieder welche, die auf die Politik schimpfen, und von da ist es nicht weit, die Schwarzen generell zu verteufeln. Paul kämen solche Anschuldigungen nie über die Lippen, er ist wirklich ein feiner Kerl.

•

»Ich habe ja nichts dagegen, dass ...«, beginnen viele Sätze. »Ich habe ja nichts dagegen, dass auch Schwarze hier reinkommen.«

•

Und das tun sie auch.

»Ich habe ja nichts dagegen, dass Schwarze auch am Strand sind.«

Und auch das tun sie, aber gerade die schönsten Strände in Camps Bay und Clifton liegen zu weit entfernt von ihren Wellblech-Siedlungen draußen vor der Stadt.

•

»Ich habe nichts dagegen, dass ...«

•

Sie sind sich einig, dass »the whole racial thing« außer Kontrolle geraten ist. Diese Sache ist für sie nicht mehr zu begreifen.

»Wenn ich einem Schwarzen sage, dass er nicht bei Rot über die Ampel gehen soll, bin ich ein Rassist. Wenn ich bei der Nationalhymne nur den Vers mitsinge, der auf Afrikaans ist, bin ich ein Rassist. Wenn ich auf die ANC schimpfe, bin ich ein Rassist. Wenn ich …«

•

Die Weißen, die hier sitzen, sind keine Rechtsradikalen. Es gibt Nationalisten, die sehr viel extremere Ansichten vertreten und die nicht müde werden, von einem weißen Genozid zu sprechen. Dieser vermeintliche Völkermord findet selbstverständlich nicht statt. Die Tötungsrate in Südafrika ist eine der höchsten der Welt und natürlich trifft es auch weiße Farmer. Im Jahr 2011 zum Beispiel lag die Gefahr, als weißer Farmer ermordet zu werden, bei 33 zu 100 000, für die übrige Bevölkerung bei 31 zu 100 000 – und trotzdem wird das Gespenst eines Genozids besonders vonseiten der rechtsextremen Südafrikaner immer wieder beschworen.

•

Während meines Aufenthaltes sorgte ein Vorfall auf einer Farm in Middleburg in der Mpumulanga Province für Entsetzen, der unter dem Hashtag #Coffin-Aussault in den sozialen Medien und auch von allen großen regionalen und überregionalen Zeitungen, auf Internetplattformen und Sendern wie die Al Jazeera oder der BBC aufgegriffen wurde.

Am 17. August 2016 hatten die zwei weißen Farmer Willem Oosthuizen und Theo Martins Jackson den Schwarzen Victor Rethabile Mlotshwa über ihre Felder laufen sehen. Er wird später im Prozess aussagen, er habe nur eine Abkürzung nehmen wollen. Sie waren ihm zunächst mit ihrem Landrover bis zur Komati Power Station in Mpumalanga gefolgt, um ihn dort zu packen, mit Schnüren zu fesseln, auf die Ladefläche ihres Vans zu werfen und zum Farmgebäude zurückzufahren. Als er ihre Unterstellung, er habe Getreide gestohlen, scharf zurückwies, hätten sie ihm lediglich eine Lektion erteilen wollen, sagten Oosthuizen und Jackson ein halbes Jahr vor dem High Court in Delmas aus. Sie schlugen ihn und drohten, ihn zu erschießen, falls er versuchen würde, wegzurennen. Als einer der beiden weißen Farmer Mlotshwa anschließend in einen hölzernen Sarg zu steigen zwang, filmte der andere die Szene. Victor Rethabile Mlotshwa litt offensichtlich Todesangst. Er fürchtete, dass die beiden den Sarg mit Petroleum übergießen und er bei lebendigem Leib verbrennen würde. Das Video wurde auf unzähligen Blogs, Twitter und Facebook geteilt. Es ist auch heute noch im Internet unter dem Schlagwort *coffin case south africa* zu finden. Ich weiß nicht, wie es Mlotshwa gelang zu entkommen, aber letztlich spielt das auch keine große Rolle. Die Öffentlichkeit hatte von dem Vorfall auf der Farm erst über das online gestellte Video erfahren, Mlotshwa selbst hatte sich nicht an die Polizei oder eine andere Institution gewandt. Die zuständige Richterin Sheila Mphahlele sprach beide Männer schuldig in sechs Punkten – unter anderem wegen Entführung und versuchten Mordes – und verurteilte sie zu jeweils 11 und 14 Jahren Gefängnis.

•

Auf der Seite *blackopinion.co.za*, die radikal für die Rechte der südafrikanischen Schwarzen eintritt, wird in einem Artikel die Parallele von diesem Vorfall zu der Lynchjustiz in den Südstaaten der USA in den 30er-Jahren gezogen. Der Autor verweist auf das Lied *Strange Fruit*, das in der Interpretation der US-amerikanischen Jazz-Legende Billie Holiday sehr bekannt wurde. In dem Lied klagt die politische Sängerin die Lynchjustiz der weißen Rassisten dafür an, Schwarze, die tatsächlich oder auch nur vermeintlich eine Straftat begangen hatten, zur Abschreckung an Bäumen aufzuknüpfen und die Erhängten zu fotografieren.

Strange Fruit erlebte jüngst eine Renaissance, als Rebecca Ferguson nur unter der Bedingung, *Strange Fruit* singen zu dürfen, auf der Inaugurationsfeier von Donald Trump aufzutreten bereit war. Dass Trump bei seiner Vereidigungsfeier am 20. Januar 2017 keine Lust auf ein Anti-Rassismus-Lied hatte und Ferguson demgemäß nicht auftrat, hat am Ende wohl niemanden überrascht.

•

Der in New York lebende Songwriter Abel Meeropol hatte das Gedicht *Strange fruit* 1937 unter seinem Pseudonym Lewis Allan verfasst und erst später vertont. Zunächst war es unter dem Titel *Bitter fruit* in einem Magazin der Gewerkschaft von Lehrern veröffentlicht worden:

Southern trees bear strange fruit,
Blood on the leaves and blood at the root,
Black body swinging in the southern breeze,
Strange fruit hanging from the poplar trees.

Pastoral scene of the gallant South,
The bulging eyes and the twisted mouth,

Scent of magnolia, sweet and fresh,
And the sudden smell of burning flesh.

Here is a fruit for the crows to pluck,
For the rain to gather, for the wind to suck,
For the sun to rot, for a tree to drop,
Here is a strange and bitter crop.

•

Auslöser für diese Zeilen war ein Bild des Fotografen Lawrence Beitler gewesen, das zwei schwarze Jugendliche zeigte, die 1930 beschuldigt worden waren, eine weiße Frau vergewaltigt zu haben. Sie wurden ohne Prozess und ohne Beweise von einem aufgebrachten weißen Mob an zwei Bäumen in Marion im Bundesstaat Indiana gehängt. Als Postkartenmotiv war das Bild in den Südstaaten dann tausendfach verkauft worden.

•

Die beiden südafrikanischen Farmer müssen sich derart in Sicherheit gewogen haben, auch im Jahr 2017 für eine solche Tat nicht strafrechtlich verfolgt zu werden, dass sie statt einer Postkarte einfach das Video in die Welt schickten.

Vor Gericht bestritten die beiden, dass der Sarg zuvor schon für die Bestrafung eines Schwarzen benutzt worden wäre. Später aber meldete sich ein zweiter Mann, Delton Sithole, der angab, ebenfalls durch die Farmer in den Sarg zu steigen gezwungen worden zu sein. Da in seinem Fall kein Video gemacht worden war, konnte nicht bewiesen werden, ob ihm wirklich das Gleiche widerfahren war wie Victor Rethabile Mlotshwa.

•

Aus den Äußerungen der Gäste in der *Corner Bar* spricht kein blanker, enthemmter Hass, eher ein subtiles, grundsätzliches Unbehagen. Allgegenwärtig in den Gesprächen ist allerdings die gemeinsame Angst vor dem sozialen Abstieg. Ich weiß natürlich nicht, wie sich dieselben Personen in einem geschützten Raum äußern, bei sich zu Hause beim Braai, ohne die Anwesenheit einer ausländischen Reporterin. Für sie stellen die Schwarzen vor allem eine ökonomische Bedrohung dar. Sie sehen sich durch das *Black Empowerment Gesetz* benachteiligt, das, grob zusammengefasst, auf dem Arbeitsmarkt einen schwarzen Bewerber bei gleicher Eignung bevorzugt.

Fast jeder hat die Variante einer Anekdote über einen Schwarzen parat, der irgendwo eingestellt wurde und dann keine Leistung brachte, einen, der faul war oder langsam oder sogar betrogen hat. Ganz sicher aber gehört niemand, der in der *Corner Bar* sitzt, zu der untersten Schicht der südafrikanischen Gesellschaft. Keiner der Gäste lebt in einer Wellblechhütte ohne fließendes Wasser und mit einem außerhalb der Township gelegten Stromanschluss. Keiner muss von weniger als zwei Dollar pro Tag leben, der offiziell von der Weltbank markierten Grenze zur Armut. Rund 20 Prozent aller Südafrikaner gehören zu dieser Schicht (hier schwanken allerdings die Angaben). Die Gäste in der *Corner Bar* aber besitzen noch etwas, das sie verlieren könnten. Eine Wohnung, die kleine Summe eisern ersparten Geldes, ihren Aushilfsjob im *Shoprite*. Und eben daher rührt ihre Angst. Nur wer nichts mehr zu verlieren hat, wird furchtlos.

•

Ein großer Anteil der Armen in Südafrika ist immer noch schwarz. Die Anzahl der in den Armensiedlungen am Rand der Städte lebenden Weißen hingegen ist kaum erwähnenswert, auch wenn sie immer wieder angeführt wird. Im Sommer 2018 wurde im Netz hitzig diskutiert, warum im Internet nur Bilder von weißen Township-Bewohnern auftauchen, wenn man »südafrikanische Armenviertel« in die Google-Suchmaske eingibt. Angestoßen wurde die Diskussion von

Xolisa Dyeshana, dem Direktor der Werbeagentur Joe Public, der am 13. Juni twitterte: »*Please google ›squatter camps in South Africa‹ and go to images. @Google when did this happen and why?*«

•

Mit jedem Besuch der *Corner Bar* wurde mir klarer, dass der Besitzer der Bar und auch Pauls Kollegen nicht nur aus ästhetischen oder ökonomischen Gründen wenig an der Inneneinrichtung verändert hatten, sondern auch, weil es allen half, sich für ein paar Stunden und mit ein bisschen Alkohol in jene alten Zeiten zu katapultieren, denen man mehr oder weniger offen nachtrauerte. Alle Gäste plagen ähnliche Angstgefühle und Nöte wie diejenigen Deutschen, die sich in der politischen Haltung der AfD und deren Motto »Das wird man ja wohl noch sagen dürfen« wiederfinden oder die Amerikaner, die Trump ihre Stimme gaben. Viele Gäste der *Corner Bar* sind übrigens große Anhänger von Donald Trump. Als er am 8. November 2016 Präsident der USA wurde, gab es ein großes Freudenfest.

•

Ich habe mich bei politischen Diskussionen immer zurückgehalten, weil meine Argumente leicht hätten als arrogant empfunden werden können. Meiner Meinung nach war ihre Lebenssituation unbestritten nicht die beste, aber auch ganz sicher nicht die schlechteste.

Ein Gefühl, das viele Besucher der *Corner Bar* eint, ist, dass ihnen nicht ein politisch Verantwortlicher zuhört. Ihre ganze Frustration und ihr Unverständnis entladen sich in über den Bierflaschen gebeugten Gesprächen, hitzigen Diskussionen oder nicht zuletzt in einer Schlägerei. Hier sitzen auf wackeligen Barhockern die weißen Apartheidverlierer beisammen, die sich nicht nur vom eigenen Land verraten und ausgestoßen fühlen, sondern auch vom Rest der Welt. Sie sind nicht die Einzigen im Land, die sich verraten und um ihre Hoffnungen betrogen fühlen: Keinem Schwarzen, der heute von einem Dollar am Tag leben muss, obwohl ihm erst vor knapp einem Vierteljahrhundert die große Freiheit und der gesellschaftliche Aufstieg versprochen worden war, kann man verübeln, tief frustriert zu sein.

•

»Schreibst du das auch?«, fragten sie mich.»Keiner hört uns zu!« »Niemand interessiert sich für uns!« Und natürlich: »Wir haben nichts gegen Schwarze, wir haben ja nichts dagegen, dass ...«

»Sobald wir über Schwarze klagen, werden wir beschuldigt, Rassist zu sein!« Es sind meist einfache Arbeiter, keine sehr gebildeten Menschen, die allerdings zu Zeiten der Apartheid dank ihrer weißen Hautfarbe und der mit ihr einhergehenden Vorteile immer irgendwie durchgekommen waren und nun auf dem Arbeitsmarkt zum ersten Mal Konkurrenz durch schwarze Mitbewerber erleben.

Wer als Weißer in Südafrika so gut ausgebildet ist wie mein Freund Adriaan mit seinem Studium der Wirtschaftsmathematik an der renommierten Stellenbosch-Universität und der zudem jahrelang in London bei Deloitte und in Kenia bei der World Bank gearbeitet hat und heute als freier Berater im Bereich künstliche Intelligenz tätig ist, muss nicht fürchten, dass die Unternehmen ihn durch einen schwarzen Kollegen ersetzen. Fast 25 Jahre nach dem Ende der Rassentrennung ist das öffentliche Bildungssystem, das viele schwarze Südafrikaner sich ausschließlich leisten können, immer noch ziemlich katastrophal. Nur ein Bruchteil der Schwarzen bekommt nach dem Schulabschluss überhaupt die Zulassung zur Universität. In der Konsequenz gehen nur 17 Prozent der Schwarzen zur Hochschule – und 50 Prozent der weißen Schulabgänger.

Dazu kommt etwas, das sich schwer messen lässt, aber sehr gut in dem Afrikaans-Sprichwort zum Ausdruck kommt: »*Baantjies vir boeties*«, Jobs werden an Brüder vergeben.

Die südafrikanischen Seilschaften funktionieren wie die unter Männern in deutschen Dax-Unternehmen: Ein Chef stellt eben lieber jemanden ein, der ihm hinsichtlich Geschlecht, Herkunft oder auch Habitus ähnlich ist. Es ist eine recht simple, durch Studien belegte Erklärung für das Fehlen von Frauen in den Chefetagen, die ohne Weiteres genauso als Erklärung für die gesellschaftliche Position, in der sich die meisten Schwarzen in Südafrika noch immer und trotz des Black Empowerment Gesetzes befinden, angewendet werden kann.

In der *Corner Bar* fühlt man sich dennoch von den Schwarzen bedroht. Die falschen Annahmen, auf denen die diffuse Angst gründet, lassen sich mit Zahlen ganz klar widerlegen: Dass die Arbeitslosigkeit unter Schwarzen bei rund 40 Prozent, den Weißen hingegen nur bei 8 Prozent liegt, habe ich in den Gesprächen immer wieder angeführt – aber diese Fakten änderten nichts am vorherrschenden Gefühl.

Ich habe einige Gäste in der *Corner Bar* gefragt, ob sie arbeitslos seien. Und auch hier entbehrte die Realität einer Rechtfertigung ihrer Ängste, denn der Großteil hatte durchaus einen Arbeitsplatz – »noch«, wie oft eilig hinzugefügt wurde. Sie beobachten argwöhnisch, wie Schwarze heute in ehemals oft nur für

Weiße zugänglichen Jobs, als Verkäufer, Bankberater oder Lehrer für ihre Kinder arbeiten. Wo auch immer sie hinschauen, sie sehen nur noch Schwarze.

•

Lange nach meiner Rückkehr nach Deutschland las ich das Buch der Journalistin Haji Mohamed Dawjee *Sorry, Not Sorry, Experiences of a Brown Woman in a White South Africa*, in dem sie von einem Abend in der *Corner Bar* erzählt, dessen Verlauf mich nicht überrascht. Dawjee lebte zu dieser Zeit ebenfalls in Seapoint und war mit ihrem Bruder nach einem langen Abend auf ein letztes Getränk in die *Corner Bar* eingekehrt. Ihre Anwesenheit störte die Anwesenden, sie wurden beleidigt, ein Gast rief nach der Apartheidpolizei, die kommen solle, um sie aus der Bar zu entfernen, diese hätte schließlich gewusst, was man mit ihr machen muss, die hätte sie zu den Hunden geworfen, und das sei sowieso der Ort, an dem sie und ihresgleichen hingehörten, Köter allesamt! Schließlich verwies ein Sicherheitsmann, der irgendwann gerufen wurde, den stark alkoholisierten Mann der Bar. Sie blieb.

Sjaka teilte sich mit Adriaan im *Kevinor Court,* einem der wenigen zweistöckigen Apartmentblocks in Camps Bay, eine kleine Wohnung mit zwei Schlafzimmern und einem Gästezimmer sowie einem gemeinsamen Wohnzimmer mit Blick aufs Meer und einem monströsen Sofa, Esstisch und Fernseher. Der *Kevinor Court* liegt direkt am Geneva Drive, der Hauptstraße von Camps Bay, die sich vom Strand gewissenhaft durch das ganze Viertel den Berg hochschlängelt. Der wirklich atemberaubende Blick über die Bucht bewegte Adriaan und Sjaka immer wieder dazu, die Wohnung nicht aufzugeben, obwohl sie ihnen sehr viele Unannehmlichkeiten bereitete. Mich erinnerte der *Kevinor Court* in seiner Schlichtheit und Funktionalität, mit seiner blassgelben Fassade und den dünnen Wänden, die jedes noch so leise Geräusch der Nachbarn ungehindert durchlassen, an den sozialen Wohnungsbau in England. Der Häuserkomplex, der erstaunlicherweise noch nicht der Luxussanierung des Viertels zum Opfer gefallen war, zählte fraglos zu den unansehnlichen Exoten in Camps Bay, das zu den exklusivsten Vierteln in ganz Südafrika zählt. Ich war noch nicht lange in Kapstadt, als nur ein paar Kilometer vom *Kevinor Court* entfernt ein Haus seinen Besitzer wechselte – zu einem Preis, der in Kapstadt noch nie für eine Immobile gezahlt worden war: Für 290 Millionen Rand hatte sich ein deutsches Paar das Haus mit einem Blick über die imposante Gebirgskette Zwölf Apostel und die weißen Strände von Clifton gekauft. Ich las über diesen Deal in der *Sunday Times*, die verständlicherweise die Namen der Käufer nicht nannte, vielmehr die Begründung des Marklers der Dogon Property Group's, Adrien Epstein zitierte, warum er den Preis als vollkommen angemessen empfand: Das 5 200m² große Haus sei voll möbliert (inklusive nicht näher spezifizierter Kunstwerke), habe sieben Schlafzimmer, neun Badezimmer, acht Garagen mit zwei (ebenfalls nicht näher beschriebenen) Luxusautos. Eigentlich hätte das Paar in St. Tropez oder auf Ibiza ein Haus kaufen wollen, sei dann aber während eines Besuchs von Freunden in Kapstadt auf das recht imposante Haus aufmerksam geworden. Auf Ibizia und in St. Tropez sei dieser Preis nicht außergewöhnlich, und es sei nun an der Zeit, dass Kapstadt auf der Landkarte der Top-Immobilien auftauchte, erklärte Epstein.

•

Um in Adriaans Wohnung zu gelangen, musste man im Hof eine schmale Wendeltreppe hochsteigen. Ziemlich unvermittelt fand man sich dann im zweiten Stock vor einer hölzernen Eingangstür wieder, die aufzubrechen wohl jedem halbwegs handwerklich geschickten Einbrecher in weniger als einer halben Stunde gelingen würde. Erst nach meiner Abreise montierte Adriaan ein zweites Sicherheitsschloss. (Wohlgemerkt ohne Anlass, denn trotz der fehlenden Zäune war noch nie bei ihm eingebrochen worden.) Die Wohnung bewohnbar zu halten, war ein zäher Kampf mit Handwerkern und Elektrikern, die ständig an der Wohnung herumflickten. Einmal regnete es herein, dann war das Dach kaputt, der Boden löste sich ab und wurde feucht, der Strom fiel immer wieder aus und die Fenster schlossen nicht mehr.

•

Sjaka hatte fast 20 Jahre lang Karl geheißen. Auf diesen Namen jedenfalls hatten ihn seine frommen und konservativen Afrikaans-Eltern in Port Elisabeth getauft. Seine Vorfahren stammten aus Deutschland und so war auch sein Nachname unzweifelhaft deutsch: Gloger. Er hatte sich nach seinem Auszug mit 18 Jahren zunehmend von seinem Elternhaus distanziert und sich gegen die familiäre Erwartung, Ingenieur oder Arzt zu werden, gewehrt, indem er sein Studium abbrach, um Schauspiel- und Pantomime-Kurse zu besuchen und verschiedene Theaterstücke und Gedichtbände zu veröffentlichen. Irgendwann legte er auch seinen Namen ab und nannte sich Sjaka.

Er war ziemlich umtriebig in der alternativen Kulturszene Kapstadts, sodass man auf seinen legendären sonntäglichen Frühstücken, für die er Berge Rührei briet, immer auf interessante und schräge Charaktere traf. Während meiner Zeit in Südafrika bot er immer wieder Clown-Workshops in den Räumen der *CityVarsity* in Gardens an. Er wollte leidenschaftlich gern in die Fußstapfen seiner großen Vorbilder Charly Chaplin und Buster treten und auch andere für sie begeistern.

Bereitwillig gab er mir Auskunft über das Leben und Wirken seines berühmten Namensvetters: Sein neuer, selbstgewählter Name Sjaka gehe auf Shaka zurück, ein recht kriegerischer und selbstbewusster Zulu-König, der um 1818 zu einem der führenden Stammeskönige Südafrikas aufgestiegen war. Während sich in dieser Zeit in der Kapregion nach und nach die Europäer, Niederländer, Briten und Franzosen ansiedelten, entstanden und bekriegten sich im nördlichen Hinterland auf dem Gebiet der heutigen Region KwaZulu-Natal schwarze Königreiche. Eines der mächtigsten war das der Zulu.

•

Zulu lässt sich mit »Menschen des Himmels« oder auch »die Donnernden und Erleuchteten« übersetzen. Dies wird nach einer Theorie mit der Kriegsführung der Zulus erklärt, die nach mündlicher Überlieferung das Abbrennen der Häuser mit lautem Gebrüll ankündigten. Eine andere Theorie führt den Namen schlicht auf den des Vorfahren Zulu zurück, der das Königreich um 1670 gründete.

Shaka wurde um 1787 geboren. Als unehelicher Sohn des damaligen Königs Senzangakona wuchs er im benachbarten Königreich Mthethwa auf und stieg dort früh unter dem Herrscher Dingiswayo zu einem führenden Kämpfer im Militär auf. Als Shakas Vater starb, half ihm Dingiswayo, das Zulu-Gebiet zu erobern. Nach der Ermordung Dingiswayos zwei Jahre später ergriff der ehrgeizige Shaka die Chance, auch das Mthethwa-Königreich zu erobern.

Seine militärische Durchsetzungskraft und sein rasanter Aufstieg verhalfen Shaka nicht nur in der damaligen Zeit zu großer Popularität als Kriegsheld. Zuletzt wurde sogar in den 80er-Jahren im Fernsehen die Serie *Shaka Zulu* ausgestrahlt, die seine Heldensaga weltweit verbreitete.

•

Bei unserem Gespräch erwähnte Sjaka diese Serie nicht (und auch nicht, warum er das j gegen das h getauscht hatte), aber vermutlich kannte er sie. Unzweifelhaft hatte ihn die Biografie des Zulu-Königs beeindruckt und dazu veranlasst, seine Verehrung auch öffentlich zum Ausdruck zu bringen. Die Afrikaaner sind sehr traditionell bei der Namenswahl ihrer Kinder, die daher bis heute häufig nach den eigenen Eltern oder den Schwiegereltern benannt werden. Ein Freund erzählte mir, welch ein Familieneklat es gewesen sei, als sein Bruder seinem Erstgeborenen nicht den Namen des Vaters geben wollte. Ich kann nur erahnen, wie auf Karls Umbenennung in den 90er-Jahren reagiert wurde, als die Apartheid noch nicht lange vorbei war und Südafrika immerzu kurz vor einem Bürgerkrieg stand, in dem sich die Zulus und die Afrikaaner gegenseitig umgebracht hätten.

Sjaka hat seinen Nachnamen ebenfalls geändert und hieß nun Septembir in Anlehnung an den Monat September. Auch dies war ein klares politisches Statement: Die Sklaven, die unter anderem von Sjakas Vorfahren nach Südafrika importiert wurden, waren der Einfachheit halber oft nach dem Monat benannt worden, in dem ihr Schiff im Hafen in Kapstadt anlegte. Betrat ein Passagier eines solchen Sklavenschiffes im Jahresbeginn zum ersten Mal südafrikanischen Boden und ging demnach als Februar in den Besitz des Masters über, hatte er mit seinem Namen auch die menschliche Würde verloren.

Sex

Ich ging ein paar Mal mit einem südafrikanischen Kollegen aus meiner Bürogemeinschaft ins *Power and Glory* in Tamberskloof oder zum Thailänder, ins *Yindees,* unprätentiöse Lokale in der Nähe der *Kloof Street,* in denen man eine Kleinigkeit essen oder auch nur ein Glas Wein trinken kann. An einem der Abende erzählte er mir, er lasse sich gerade von seiner Frau scheiden (was in Südafrika ähnlich oft wie in Europa passiert). Ich erfuhr in diesem Gespräch, ohne dass ich nachgefragt hätte, nicht nur, dass sie bereits nach einem halben Jahr nach ihrer ersten Begegnung geheiratet hatten und ihre Ehe nur anderthalb Jahre gehalten hatte, sondern darüberhinaus, dass beide bewusst und konsequent auf Sex vor der Eheschließung verzichtet hatten. Er begründete diesen Verzicht zum einen mit seinem christlichen Glauben, der vorehelichen Sex als Sünde begreift, und zum anderen – nachdem ich angeführt hatte, dass auch ich gläubig, immerhin getauft sei – dass er gefürchtet habe, sich mit HIV anzustecken. Er hätte einige wirklich schlimme Geschichten von Bekannten gehört, die trotz der Kondome, die sie benutzten, wie sie ihm mehrfach beteuert hätten, infiziert worden seien. Er war nicht der Einzige meiner Bekannten, der auf Sex vor der kirchlichen Eheschließung verzichtet hatte.

•

Einmal saß ich einen Abend lang mit einem Afrikaaner, der mir zunächst wirklich leidtat, an einem Bartresen in der *Kloof Street*. Wir kamen eher zufällig ins Gespräch, während wir beide auf unsere Getränke warteten. Später konnte er nicht mehr aufhören, sich seinen Frust von der Seele zu reden und berichtete ausführlich davon, wie schwer es sei, eine Frau zu finden. Auch er hätte sich vorgenommen, mit dem Sex bis nach der Eheschließung zu warten, sei mittlerweile über 40 und hätte sich sogar mit mäßigem Erfolg bei *Tinder* angemeldet, die App dann aber wieder gelöscht, weil ihn nur schwarze Frauen geliked hätten. Eine schwarze Frau käme für ihn nicht infrage, nein, er sei kein Rassist, er hätte nichts dagegen, dass ... Er spiele nun mit dem Gedanken, in dem Magazin für Afrikaaner-Farmer in Südafrika *Die Burger: Landbou* eine Annonce aufzugeben. Eigentlich träume er ja von einer Farmertochter, gestand er mir am Ende des Abends.

•

Ich durchforstete das Netz nach Einträgen zu diesem Thema. Ich fand, 2018 sei die Zeit doch reif für eine sexuelle Revolution Südafrikas, einer Befreiung von diesen religiösen und konservativen Schranken. Ich ging davon aus, dass es im 21. deutlich schwieriger sein musste als noch im 19. Jahrhundert, den Sex auf die Zeit nach der Hochzeit zu verschieben und auch, dass ausreichend zuverlässige Informationen zugänglich sind, wie man sich vor dem Virus schützen kann. Ich konnte einfach nicht glauben, dass so viele Menschen in meinem direkten Umfeld vor der Hochzeit auf Sex verzichteten.

Ich bot das Thema einem Magazin an und der Redakteur war sehr interessiert. Leider gelang es mir nicht, den ganzen Themenkomplex mit einer These zu verknüpfen und fand bislang keinen roten Faden. Vor allem konnte ich keine Zahlen finden, die den Beginn einer solchen Revolution belegen würden. Da ich aber das Thema nach wie vor wichtig finde, möchte ich meine Recherche nicht vorenthalten.

•

Im Netz stieß ich auf der Seite der *Christian Spirituality, Church History and Missiology Faculty* auf einen wissenschaftlichen Aufsatz von Thinandavha Derrick Mashau. Mashau forscht in der Fakultät Theologie an der University of South Africa (Unisa), einer der größten Universitäten des Landes. In der Einleitung des von ihm 2011 veröffentlichten Aufsatzes *Cohabitation and premarital sex amongst Christian youth in South Africa today: A missional reflection* stellt Mashau unter südafrikanischen Jugendlichen eine steigende Tendenz fest, vor der kirchlichen Trauung Sex zu haben. Nachdem er diesen Trend unter anderem mit einer nicht näher beschriebenen Krise und allgemeinen Orientierungslosigkeit der Jugend erklärt, gibt er Kirchenvertretern und Eltern Ratschläge, wie sie diese gefährliche Entwicklung abwenden können, und verweist auf die beste Lösung des Problems: Einfach gar nicht zu heiraten. Und damit nach dem 1. Korinther 7:36–37 ohne Sex oder eine Beziehung zu leben:

> Wenn aber jemand meint, es sei unrecht gegenüber seiner Verlobten, sie nicht zu heiraten, und wenn sein Verlangen nach ihr zu stark ist, so soll er tun, was er für richtig hält. Die beiden können heiraten, es ist keine Sünde. Wer aber die innere Bereitschaft und Kraft zur Ehelosigkeit aufbringt, wer sich selbst beherrschen kann und fest entschlossen ist, nicht zu heiraten, der tut gut daran. Wer also seine Verlobte heiratet, der handelt richtig; wer sie nicht heiratet, handelt besser.

•

Die Information auf der Homepage der Universität, dass 2017 Thabo Mbeki als neuer Direktor berufen worden war, stärkte meine Hoffnung nicht, dass in Zukunft solche Artikel vielleicht unveröffentlicht bleiben würden. Hatte er sich doch als von 1999 bis 2008 amtierender Präsident Südafrikas nicht gerade mit progressiven Äußerungen und Entscheidungen in Bezug auf Sex und den HIV-Virus oder Aids hervorgetan. Im Netz findet man einen wütenden Brief an Mbeki, in dem ein Wissenschaftler ihm vorwirft, unzählige Leben von Aidskranken auf dem Gewissen zu haben, weil er während seiner Präsidentschaft ein Gesetz verabschiedet hatte, das die Vergabe von Anti-Virus-Medikamenten verbot. Sex ist in diesem Land nicht ohne HIV zu denken.

In einem anderen Artikel mit dem Titel »Dear Mbeki, now is the time to apologise for Aids denialism« in der *Times* vom 8. Mai 2016 lässt Zweli Mkhize, Arzt und der Gesundheitsminister der Provinz KwaZulu-Natal von 1994 bis 2004, noch einmal sehr detailliert Revue passieren, wie ihm eines Tages der Präsident persönlich ein Dokument in die Hand gedrückt hatte, dessen Inhalt ihn zutiefst schockierte, weil er in den folgenden Jahren zwingend den Tod von unzähligen Aidspatienten nach sich ziehen würde. Man kann dieses Dokument nicht Studie nennen, schon der Titel ist sehr mysteriös: *Castro Hlongwane, Caravans, Cats, Geese, Foot & Mouth and Statistics: HIV/Aids and the Struggle for the Humanisation of the African.*

•

Um die Brisanz zu verstehen sollte man wissen, dass zum Zeitpunkt von Mbekis Ernennung zum Präsidenten etwa 20 bis 25 Prozent der südafrikanischen Bevölkerung mit dem HIV-Virus infiziert waren. Auch heute noch hat das Land bei einer immer noch bei 20 Prozent liegenden Infizierung der Erwachsenen zwischen 15 und 49 Jahren eine der höchsten HIV-Raten der Welt.

Mbeki bestritt damals den Zusammenhang von HIV und Aids und die Aussagekraft von HIV-Tests. Er behauptete, die Einnahme von Nevirapin, einem Wirkstoff zur Behandlung von HIV-1-infizierten Patienten im Rahmen einer antiretroviralen Kombinationstherapie, würde die Patienten vergiften, die internationale Pharmaindustrie wolle nur Geld machen. Die logische Folge aus dieser haarsträubenden Behauptung war das Verbot der antiretroviralen Therapien unter seiner Präsidentschaft. Unterstützt wurde er von seiner Gesundheitsministerin Manto Tshabalala-Msimang, die den Spitznamen Dr. Knoblauch trug, weil sie Aids-Patienten zur Bekämpfung des Virus empfahl, Knoblauch, Rote Beete, Zitronen und Yamswurzeln zu essen. Zwischen den Jahren 2000 und 2005, schätzt eine Studie, starben aufgrund dieser Politik 330 000 Menschen, und 35 000 Kinder kamen bereits mit dem HIV-Virus infiziert auf die Welt.

•

Die Facebookseite *No Sex before Marriage Campaign* von Umbale Tomu, dem Vorsteher der Johannesburger Gemeinde *The Love of Jesus Christ,* ist nicht sehr gefragt, rund 100 Personen haben die Seite überhaupt geliked. Seine Profilbeschreibung ist *A good fearing man.* Als ich mich durch die Bildergalerie klicke (rote Rosen, ein offensichtlich schwangeres minderjähriges Mädchen), stoße ich auf ein Schaubild, das die Hierarchien innerhalb der Familie verdeutlicht: Ganz oben steht Jesus, darunter der Ehemann und unter dem Ehemann die Ehefrau, deren Lebenszweck darin besteht, die Kinder im christlichen Glauben zu erziehen und ihren Mann zu unterstützen. In einem Frauen-Online-Magazin erzählt eine Frau aus Ghana vom Scheitern ihrer Ehe: *How »No Sex Before Marriage« Destroyed My Marriage.*

•

Es wäre dennoch zu leicht, Südafrika bezüglich dieses Themas als durchgängig rückständig einzuordnen: Als erstes Land auf dem Kontinent führte es 2016 PrEP, *Pre-exposure prophylaxis,* in einer Pilotstudie ein. Bei regelmäßiger, täglicher Einnahme kann durch dieses Medikament das Risiko einer HIV-Infektion um 90 Prozent gesenkt werden.

PrEP das in Deutschland in erster Linie von Homosexuellen genommen wird, wurde in Südafrika seither nach und nach der ganzen Bevölkerung zur Verfügung gestellt:

Zunächst verteilten die Verantwortlichen des *Higher Education and Training HIV & AIDS (HEAIDS) national programme* das Präparat *Truvada* an Sexarbeiterinnen. Seit Herbst 2017 ist das Medikament auch an ausgewählten Universitäten Südafrikas verfügbar, um junge Frauen, die man ebenfalls als höchste Risikogruppe für eine HIV-Infektion einstuft, vor einer Infektion zu schützen. Verschiedene Studien des HEAIDS hatten erwiesen, dass 14 Prozent der Studentenschaft, meist Frauen, in von Wissenschaftlern sogenannten *transactional sex* involviert sind, der Prostitution auf dem Campus: Sie bieten Sex gegen Geld oder Bücher. Diese Pilotprojekte stimmten mich optimistisch, bis mir ein britischer Mediziner erklärte, wie schwierig es sei, die Frauen dazu zu bewegen, die Pillen auch tatsächlich regelmäßig zu nehmen.

Die Scham stelle ein großes Problem dar. Viele junge Frauen wohnen mit ihren Eltern auf engstem Raum und schämten sich, PrEP und dessen Wirkung zu thematisieren, sodass sie im Zweifel eher auf die Einnahme verzichten.

Im Guardian las ich über eine Frau, die von ihrem HIV-positiven Onkel vergewaltigt wurde, weil er den in Südafrika und vielen anderen afrikanischen Ländern verbreiteten Aberglauben teilte, der Sex mit einer Jungfrau heile ihn von dem Virus. *He thought sex with a virgin would cure him.*

In Südafrika gibt es ausgesprochen viel Gewalt gegenüber Frauen, in nur wenigen Ländern der Welt ist die Vergewaltigungsrate derart hoch. Offizielle Zahlen belegen, dass jede vierte Südafrikanerin in ihrem Leben einmal vergewaltigt wird. Die Dunkelziffer liegt sicher viel höher.

Es gibt unendlich viele Geschichten wie die von Fezekile Ntsukela Kuzwayo, die es 2006 gewagt hatte, Jacob Zuma (der im Jahr darauf Präsident von Südafrika werden sollte) vor Gericht zu bringen, weil er sie vergewaltigt hatte. Er wurde natürlich freigesprochen, der Zulu-Boy, wie ihn seine Anhänger nannten, die vor dem Gericht tanzten, als das Urteil gefällt wurde. Kuzwayos Haus wurde daraufhin angezündet und sie musste schließlich wegen Morddrohungen das Land verlassen. Nachdem sie Asyl in den Niederlanden gefunden hatte, starb sie an ihrer HIV-Infektion im Oktober 2016.

Die brutale Vergewaltigung der 17-jährigen Anene Booysen auf einem Industriegelände in Bredasdorp wurde öffentlich, weil sie einen ihrer Peiniger identifizieren konnte, kurz bevor sie ihren Verletzungen erlag – doch die meisten der schier zahllosen andere Fälle, die allesamt von einer ungeheuren Brutalität zeugen, bleiben ungeahndet.

•

Jede neue Information ließ mich verwirrt oder überfordert zurück. Wie würde ich mich positionieren, in einem Land, in dem fast ein Viertel der Bevölkerung HIV-positiv ist und in dem unentwegt so viel Halbwissen, so viele Unwahrheiten, Glaubenssätze und Aberglauben vermischt werden, dass es schwer ist, herauszufiltern, welche Information zuverlässig als wissenschaftlich erwiesen ist?

Ich verstand, warum viele Menschen in Südafrika Angst vor Sex haben. Ich verstand auch Eltern, die ihren Kindern rieten, mit niemandem vor der Eheschließung zu schlafen, weil es ihnen als die einzige Möglichkeit erschien, sie vor HIV zu schützen.

Eine gemeinsame Studie der *Columbia* und *Yale University* hat allerdings erwiesen, dass sich Schüler, die ein Enthaltsamkeitsversprechen abgelegt haben, genauso häufig sexuell übertragbare Krankheiten zuziehen, wie diejenigen, die kein solches Gelübde ablegten. Auch der vermeintliche Erfolg der amerikanischen *True Love Waits*-Bewegung wurde in ein neues Licht gerückt: 88 Prozent der 12 000 Teenager im Alter von 12 bis 18 Jahren, die das Programm absolvierten, hatten binnen sechs Jahren nach Abschluss der Studie vorehelichen Sex.

•

Auf der recht progressiven Online-Nachrichtenseite *The Daily Vox* oder auch auf *This is Africa*, die man beide hinsichtlich ihrer Aufmachung und der radikalen Haltung mit VICE vergleichen kann, glaubte ich Hinweise dafür zu finden, dass offenbar doch etwas in Bewegung geraten war: *Is South Africa Ready For An African Brand Of Sexual Revolution?* In dem Artikel von 2015 porträtiert der *Daily Vox*-Reporter allerdings nur Mmabatho Montsho und ihre Web-Serie *Women on Sex*.

In Städten wie Kapstadt oder Johannesburg, erfuhr ich abends im *Power and the Glory*, gäbe es immer mehr Tantra-Kurse und Sexualtherapeuten. Belegen kann ich das leider nicht.

La Perla

Im *La Perla,* dem italienischen Restaurant in Seapoint direkt an der Beachroad, arbeitet einer der aufmerksamsten und liebenswürdigsten Kellner, die mir je begegnet sind, und der darüberhinaus vermutlich der einzige Südafrikaner ist, dessen Name auf eine amerikanische Boxlegende aus den 30ern zurückgeht: Jack Dempsey aus Colorado, bekannt als »Kid Blackie«, wurde zwischen 1922 und 1926 mehrfach Weltmeister. Sein Ruhm muss bis an die Ostküste Südafrikas getragen worden sein, wo ein indischstämmiges Paar noch 30 Jahre später so voller Begeisterung für den Kämpfer gewesen sein muss, dass es ihren neugeborenen Sohn auf den Namen Dempsey taufte.

Zu einem kleinen Fehler kam es bei der Anfertigung von Dempseys goldenem Ansteckschild, das alle Kellner im *La Perla* oberhalb der linken Brusttasche tragen, damit die Gäste sie beim Namen rufen können. Man vergaß das P und das E, tauschte das S gegen ein Z – und so wurde aus dem indischstämmigen Dempsey im *La Perla* schlicht Demzy.

Wie es sich für einen guten Kellner gehört, hat Demzy nicht allzu viel Zeit, um sich mit seinen Gästen zu unterhalten, aber an einem Nachmittag hatte er mir lachend die Geschichte seines Namens und dessen Verunstaltung erzählt. Ich war fasziniert davon, wie er ohne den Kopf zu bewegen auch die übrigen Tische, die ihm zugeteilt worden waren, im Blick behielt. Dass er schon sehr lange im *La Perla* arbeitete, schloss ich aus den sich bereits lösenden Fäden seiner weißen Kellnerjacke, unter anderem an der Brusttasche, in der Demzys Lesebrille steckte. Diese holte er nur heraus, wenn er die Rechnungen kontrollierte oder ihm Gäste die Karte mit dem Wunsch nach einer Erklärung zu einem bestimmten Gericht entgegenstreckten.

Ich ging gern am Samstag- oder Sonntagnachmittag ins *La Perla*, in der angenehmen, nicht mehr ganz so heißen Zeit zwischen Mittag- und Abendessen, in der das Restaurant weniger voll war.

•

Bei der Gestaltung der Terrasse hatte man die alten Bäume stehen lassen, sodass viele Plätze im Schatten einer Palme oder eines anderen Baumes lagen, von dem mir Demzy leider nicht den Namen sagen konnte, mir aber verriet, dass die Küche des *La Perla* dessen meist im Frühsommer reifen, länglichen, etwas seltsamen Früchte, die aussehen wie zu groß geratene Bohnen, gerne für ihre Gerichte verwendete.

An den Tischen, die liebevoll mit weißen Stofftischdecken eingedeckt werden, sobald sich ein Gast niederlässt, warteten zu dieser Tageszeit meist vereinzelte Paare auf ihren Nachtisch, auf das Tiramisu oder ein paar Kugeln Eis in silbernen Schälchen, und ließen ihre längst über die Terrasse rennenden Kinder in Ruhe toben.

Sie müssen zu der wohlhabenden Schicht gehören, schloss ich aus ihrer Kleidung und ihren sehr bewusst gewählten Accessoires, der italienischen Marken-Lederhandtasche, einem Schultertuch aus Seide und dem Kaschmirpullover für den Fall, dass es stark winden und die Sonne verschwinden sollte.

Wenn auch das Restaurant nicht zu den günstigsten in Seapoint gehörte, mochte ich es, weil es Geschichte hatte.

Dass der Schriftzug auf der Außenmauer zur *Church Street,* von dem außer den blassgrünen und schwungvollen Buchstaben L und P nicht mehr viel übrig war, nie ersetzt oder zumindest ausgebessert wurde, trägt sehr zum Charme des Restaurants bei. Ich habe dort auch nie erlebt, dass das WLAN funktionierte, und vermute, es gehörte einfach zur Tradition, dass die Kellner unermüdlich und beflissen immer neue Passwörter nannten, die mit größter Zuverlässigkeit nicht funktionierten.

Wenn es dämmerte und die Familien bereits nach

Hause gegangen waren, traf ich im *La Perla* öfter auf Chrisna, die Style-Direktorin eines südafrikanischen Glamour-Magazins, und ihre Freunde. Diese meist blendend aussehenden Menschen der Kapstädter Fashion-Szene tranken hier beim Sonnenuntergang im Stehen gern ihren *Veuve Clicquot* oder ein Glas *Moët & Chandon* zu einem Thunfisch-Carpaccio mit Wasabi oder einem Garnelen-Cocktail, bevor sie weiterzogen. Auch mich begrüßten sie immer mit überschwänglicher Herzlichkeit, drückten mir Küsschen auf die Wange und fielen mir nicht selten um den Hals, obwohl ich sie kaum kannte und immer nur zufällig dort traf. Die Ausgelassenheit ihrer Zusammenkünfte erinnerte mich an die rauschenden, flirrenden, etwas abgedrehten und surrealen Feste in F. Scott Fitzgeralds *Great Gatsby*. Obwohl ich meist gerade hatte gehen wollen, wenn ich auf diese gesellige Runde traf, hielt ich schon wenige Minuten später ein Glas *Bottega Brut* in der Hand und es war für alle vollkommen klar, dass ich noch bleibe, weil die Nacht ja eigentlich noch gar nicht richtig angefangen habe.

•

Auf dem Eröffnungsabend der südafrikanischen Fashion Week, an dem ich Chrisna das erste Mal traf, hatte ich niemanden gekannt. Ich lebte erst seit ein paar

Wochen in Kapstadt, saß verlegen direkt hinter der roten schweren Samtkordel, die die VIP-Lounge der Journalisten von den anderen Besuchern trennte, und fühlte mich unter diesen sehr gut gekleideten Menschen ziemlich fehl am Platz. Ich hatte noch nie eine Modenschau besucht und war hier nur gelandet, weil mein Vermieter, ein junger geschäftiger Italiener, der die Entwürfe seines eigenen Modelabels *Issa Leo* im gleichnamigen Laden an der *Loop Street* im Zentrum von Kapstadt verkaufte, mich dazu eingeladen hatte. (Leider tauchte er erst ganz zum Schluss des Abends auf, als ich schon auf dem Weg zu Garderobe war.)

Man hatte uns Journalisten auf großen Tabletts frittierten Blumenkohl und panierte Shrimps, Fischbällchen und Gemüseschnitzel serviert, und der Abend versprach länger zu werden, als ich erwartet hatte. Wasser und Wein gab es auch, und eigentlich keinen Grund, weshalb sich hier irgendjemand nicht wohlfühlen sollte. Ich kam mit Chrisna ins Gespräch, weil wir beide fast identische, aufgeplusterte und naturgemäß wenig elegante blaue Daunenjacken trugen, die auf der Fashion Week völlig aus dem Rahmen fielen und die wir trotzdem nicht auszogen, weil die Klimaanlage es einfach übertrieb. Chrisna versuchte gleich, mich als Autorin für ihr Magazin zu gewinnen, was ich jedoch dankend mit dem Argument ablehnte, noch nie über Mode geschrieben zu haben und dies trotz meines Interesses am Thema auch nicht vorzuhaben.

In den Tagen nach diesem im Grunde sehr amüsanten Abend, an dem ich mich hatte treiben lassen, war ich schwermütig geworden. Es lag sicher nicht ausschließlich daran, dass, wie so oft in Kapstadt bei solchen Anlässen, nur sehr wenige Schwarze auf der exklusiven After-Party ihre Häppchen gegessen und sich über die neueste Kollektion irgendeines Designers ausgetauscht hatten. Abgesehen von den Kellnern und Barkeepern, ein paar Models mit dunkler Haut, einem berühmten schwarzen südafrikanischen Komiker und seinem schwulen indischstämmigen Freund sowie vereinzelten anderen, waren alle Gäste weiß gewesen. Das war an sich schon verstörend.

Ich habe auch keinen Vergleich zu einem Morgen nach einer ausschweifenden Fashion-Week-Party in einer anderen Stadt und weiß daher nicht mit Bestimmtheit, ob ich dort nicht auch eine bleierne Schwere in mir gespürt hätte, vermute aber, es wäre mir in Paris oder London anders ergangen. Die Gäste und die Party erinnerte ich am nächsten Morgen und an den Tagen danach als zu laut, zu exzessiv und zu schrill.

In der Zeit meines Aufenthaltes in Südafrika konnte ich das Phänomen dieser ausgesprochen grellen Exaltiertheit immer wieder an verschiedenen Orten und in anderen Zusammenhängen beobachten. Vielleicht, denke ich rückblickend, stand sie nur in solch krassem Kontrast zu dem, was ich sonst im Land sah und erlebte, dass sie mir weitaus extremer erschien, als sie es tatsächlich war. Alles hier, wenn man es sich denn leisten konnte, war *extravagant, außergewöhnlich, unglaublich, mindblowing*.

Der Schweizer Psychoanalytiker Carl Gustav Jung, der 1961 verstorben ist, hat sich intensiv mit dem Phänomen der Kompensation auseinandergesetzt, und es war interessant, seine Definition auf das Verhalten, das ich in bestimmten Schichten und Kreisen in Kapstadt beobachten konnte, anzuwenden.

Kompensation versteht Jung als eine Art der Selbstregulierung des Nervensystems und der Psyche: Ohne die Kompensation, ohne den Exzess käme es seiner Ansicht nach zu einer psychischen Erstarrung. Die Kompensation ist nach C. G. Jung das ständige Bemühen um »funktionelle Ausgleichung«. Ohne die Suche nach Kompensation wären wir emotional tot. Wer in seiner Ehe unter einer zunehmenden Distanz vom Partner leidet, sucht Wärme und Geborgenheit oder auch Abenteuer in einer Affäre; dies allerdings nicht (wie oft von der oder dem Geliebten erhofft), um die erstarrte Ehe zu beenden, sondern ganz im Gegenteil, um sie zu erhalten. Demnach ist Kompensation nicht per se schlecht. Wenn aber die innerpsychischen Gegensätze, die Auf's und Ab's, die Pendelbewegungen zu groß werden, kann es zu einer neurotischen Störung kommen, lernte ich in Jungs wissenschaftlichen Ausführungen, zu einem Verlust des Selbst und damit zum Verlust des Selbstwertgefühls. Ich war in Südafrika oft fast euphorisch glücklich, aber es war auch ein wackeliges Gefühl.

•

Als ich einmal mit Tüten beladen aus dem *Pick and Pay*-Supermarkt kam und kein Kleingeld zur Hand hatte, hielt ich dem Mann, der auf dem Boden vor dem Eingang bettelte, eher aus Verlegenheit eine Packung Toastbrot hin, die ich zufällig aus einer der Tüten gegriffen hatte, weil sie obenauf lag. Aber erst durch die Gier, mit der er mir das Brot aus der Hand riss, das Plastik noch in der Bewegung zerfetzte und sich mehrere Scheiben Weißbrot gleichzeitig in den Mund stopfte, begriff ich, dass er Hunger hatte.

Ich machte es mir fortan zur Gewohnheit, das Essen, das ich im Restaurant nicht aufaß, einpacken zu lassen und an die Obdachlosen zu verteilen; auch das Brot aus dem Brotkorb ließ ich in Alufolie einwickeln und drückte es ihnen beschämt in die Hand.

•

Manchmal fiel es mir in dieser Stadt nicht leicht, meine Selbstachtung zu bewahren. Es war fast so, als würde ich mich für meine Hautfarbe schämen, für all die Vorteile, die mit ihr einhergehen. Das mag schwer nachvollziehbar sein, wenn man noch nie dort war – und vielleicht ist es das auch, wenn man bereits dort gewesen ist. Dass Kapstadt zu den beliebtesten Urlaubszielen der Europäer gehört, lässt allerdings nicht darauf schließen, dass sich viele Touristen während ihres Aufenthaltes zerfleischen. Die Interneteinträge zu Kapstadt vermitteln einen Eindruck davon, wie verzückt und euphorisiert die Welt auf diese Stadt blickt: *»So werden Sie süchtig nach Kapstadt«*, *»Am schönsten Ende der Welt«*, *»Verliebt Euch in Südafrikas schönste Stadt«*. Die Szenerie auf allen Covern der verschiedenen ins Deutsche übertragenen Bestseller (oder zumindest gut verkauften Titel), die in Afrika spielen, wie z. B. *Die weiße Massai, Das Paradies liegt in Afrika, Der Ruf der Kalahari* oder *Der Himmel über Afrika,* ist fast immer die gleiche und zeigt, wie klischeehaft der Kontinent gezeichnet wird: Meist geht hinter der schwarzen Silhouette eines Baobab-Baumes mit seinem hohen Stamm und der weiten Krone blutrot eine gigantische Sonne unter.

•

Ich möchte kurz auf das Prinzip der Kompensation zurückkommen: Neulich berichtete mir eine Freundin von ihrem Rechercheaufenthalt in Afghanistan. Ich erwartete Erzählungen von Explosionen, Bombenanschlägen, Angst und Flüchtlingen und war perplex, als prompte Antwort zu hören, sie habe noch nie so viel gefeiert wie dort, habe nachts nur drei Stunden geschlafen, jeden Abend getanzt, es habe Kokain und Sex und Alkohol gegeben, und intensive, tiefe Gespräche. Sie erklärte diese kollektive Ekstase damit, dass alle davon ausgingen, dies könne ihr letzter Tag sein. Es leuchtete mir ein, dass die Wirklichkeit des Krieges nur durch den Exzess auszuhalten ist.

Trotzdem die Situation in Afghanistan nicht mit der in Südafrika zu vergleichen ist, wäre es interessant, was eine Umfrage unter europäischen Urlaubern an den Schaltern der South African Airways oder der KLM ergäbe: Befindet sich Südafrika im Krieg? Ja? Nein? Vielleicht?

Krieg wird im Allgemeinen nicht als ein subjektiv empfundenes Phänomen gesehen. Es herrscht Krieg oder eben nicht.

•

Nach der These des langjährigen *Times Magazin*-Korrespondenten Alex Perry, die er in seinem neuen Buch

In Afrika: Reise in die Zukunft vertritt, befindet sich Südafrika zur Zeit in einem Bürgerkrieg, den man vielleicht nicht unter der allgemeinen Definition fassen kann, dass verschiedene Gruppen eines Staates einander bekämpfen, sondern der sich vielmehr in einer extrem hohen Kriminalitäts- und Mordrate zeigt. Mich überraschte diese Behauptung zunächst sehr, doch mit fortschreitender Lektüre konnte ich seine Argumentation nachvollziehen:

Perry zeigt auf, dass im Jahr 2013 in Südafrika 16 250 Menschen ermordet wurden und damit fast zehnmal so viele Menschen starben wie während des Bürgerkriegs in Somalia. Für 2018 verzeichnen die offiziellen, am 11. September dem Parlament in Kapstadt vorgelegten Gewaltstatistiken sogar 20 336 Morde. Das sind 56 Morde am Tag oder 35,8 Morde per 100 000 Menschen. *Gang-Town* wird Kapstadt daher sensationsheischend von manchen Journalisten und Autoren genannt (es gibt auch ein gleichnamiges Buch) – doch treffen sie jenseits aller Effekthascherei damit durchaus den Kern eines offensichtlichen Problems. Der Krieg zwischen verfeindeten oder ums Territorium kämpfenden Gangs spielt sich in Gegenden ab, an denen die meisten Kapstädter und Touristen auf ihrem Weg vom Flughafen zur City Bowl oder in die Innenstadtbezirke nur vorbeifahren.

Bis auf die Mitarbeiter für NGOs, die sich in diesen

Gegenden engagieren, oder einige Journalisten wie ich, haben sich weder Touristen noch ausländische Geschäftsleute, die für ein, zwei Wochen in die Stadt kommen, und auch kein Südafrikaner aus meinem Bekanntenkreis jemals in Vierteln wie Mitchells Plain, Langa oder Philippi aufgehalten.

•

Dont stop here, high risk area warnen die Leuchttafeln entlang der N2, die man vom Rücksitz eines Taxis oder vom Steuer des eigenen Autos aus wie auch die geschwungenen Wellbleche rechts und links vorbeiziehen sieht.

Hier leben Menschen, die nicht die Möglichkeit haben, vor dem Bandenkrieg zu fliehen. Manche Bewohner wurden in den 50er-Jahren von der Apartheidregierung gewaltsam in die Townships umgesiedelt, in diese außerhalb der Stadt liegenden trostlosen Gegenden, in denen es bis heute so gut wie keine Jobs gibt, keine Infrastruktur, und nur mit ein bisschen Glück Wasser und Elektrizität.

Andere trieb in jüngster Zeit die Perspektivlosigkeit im *Eastern* Cape und die dort herrschende Armut in diese Viertel, der fast nie Wirklichkeit werdende Traum vom *fast money* im wohlhabenden Westen von Südafrika. Meist kommen sie nicht weiter als bis

Nyanga, ernüchtert vom Arbeitsmarkt in der City Bowl, auf dem einfach keine ungelernten Kräfte gebraucht werden. Schnelles Geld machen sie eher in Drogen- und Waffengeschäften, die die *Cape Flates*, wie diese Gegend wegen der flachen Ebene, in der sie liegt, auch genannt wird, dominieren.

Die »Hauptstadt der Morde«, wie die Boulevard-Zeitungen Nyanga gerne nennen, liegt ebenfalls an der N2, nur wenige Kilometer vom *Cape Town International* entfernt. Dort leben, auf knapp drei Quadratkilometern zusammengepfercht, knapp 60 000 Menschen, die in jeder Hinsicht zu den Ärmsten des Landes zählen.

Ich habe diese Gegend ein paarmal besucht, um vor Ort zu recherchieren. Mir war im Vorfeld dringend davon abgeraten worden, mich außerhalb der Grundstücke meiner jeweiligen Interviewpartner zu Fuß auf der Straße zu bewegen.

Ich kann also nicht mehr als einen kleinen Ausschnitt, die Wahrnehmungen einer Reporterin beschreiben, die von ihrem Uber-Fahrer Stephan, der es auf dem Weg vermied, allzu lange an den Ampeln zu halten, durchs Viertel kutschiert wurde. Meine Eindrücke vom Beifahrersitz aus unterschieden sich nicht sehr von denen auf meinen Besuchen von Townships in Kenia, Namibia oder in anderen Gegenden Südafrikas, in denen die Mordrate weniger hoch ist.

281 Bewohner wurden innerhalb eines Jahres in *Nyanga* umgebracht. Fast jeder, der hier lebt, hat vermutlich schon einmal erfahren müssen, wie es ist, plötzlich einen vertrauten Menschen zu verlieren. Die Trauer um die Toten, die traumatisierenden Gewalterfahrungen, den Kampf ums Überleben und die alltägliche Angst konnte ich vom Beifahrersitz in Stephans Auto aus natürlich nicht sehen.

•

Diejenigen Südafrikaner, die über ausreichende finanzielle Mittel verfügen, haben eine eigene, private Armee aufgebaut, um sich vor diesem Krieg zu schützen. Die private Sicherheitsindustrie ist mit einem Umsatz von jährlich 45 Milliarden Rand eine der wichtigsten und umsatzstärksten des Landes. Insgesamt arbeiten rund 500 000 Sicherheitsmänner in Privatunternehmen, während die südafrikanische Polizei mit knapp 200 000 Beamten noch nicht einmal halb so viel Personal vorweisen kann. Sicherheit ist in diesem Land ein Statussymbol.

•

Bei meiner Freundin Adrianna, die sich mit ihrem bodenständigen Afrikaaner-Freund nach Durbanville, einen der nördlichen, in erster Linie von Afrikaanern bewohnten Stadtteile von Kapstadt, zurückgezogen hatte, ist dennoch schon sehr oft eingebrochen worden. Meinem Erstaunen – hatte ich doch unzählige, mit Schlagstöcken und Pistolen bewaffnete Wachmänner auf dem Grundstück gesehen – begegnete sie mit der Vermutung, die Einbrecher machten mit den Wachmännern gemeinsame Sache. Beweisen könnte sie es natürlich nicht, weil sie glücklicherweise während eines Einbruchs noch nie zu Hause gewesen war. Sollte dies jedoch einmal der Fall sein, wisse sie allerdings auch gar nicht, wen sie dann anrufen solle. Die Polizei ganz sicher nicht. Die Polizei hat, egal wen man fragt, keinen guten Ruf. Immer wieder publiziert *The Independent Police Investigative Directorate* (kurz IPID, eine 1997 ins Leben gerufene Behörde, in deren Verantwortung die Kontrolle der Polizei liegt) Berichte über die Verfehlungen. Wobei der Begriff »Verfehlung« die von etlichen Polizisten verübten Straftaten eher verharmlost: Es geht nicht nur um Korruption, Unterschlagung oder Bestechung an Grenzübergängen, bei Pass- oder Geschwindigkeitskontrollen, sondern um Gewalt und Folter. Jedes Jahr sterben Hunderte der für kurz oder länger Inhaftierten in Polizeigewahrsam oder in der Haft. Gewaltanwendung ist für die Beamten, die eigentlich dafür sorgen sollten, Gewalt einzudämmen, ganz selbstverständlich. Einer der bekanntesten Fälle, bei dem die Polizei unverhältnismäßig brutal eingriff, war das Massaker in dem Platinbergwerk Marikana nordwestlich von Johannesburg. Am 16. August 2012 streikten 3 000 Arbeiter, die genug davon hatten, bei lächerlich niedrigen Löhnen ausgenutzt zu werden. Als die Polizei zwei Bergarbeiter erschoss, eskalierte die Gewalt. Die Polizei drängte die Bergleute in einem Gebiet zusammen, aus dem sie nicht entkommen konnten, und eröffnete das Feuer. 34 Bergleute starben, 78 wurden verletzt, vielen von ihnen wurden aus direkter Nähe in den Rücken geschossen. Bis heute steht das Massaker von Marikana wegen der willkürlichen, brutalen Hinrichtung der Streikenden für einen Rückschlag, ein Wiederaufflammen der Missstände während der Apartheidzeit. Das später während der Gerichtsverhandlungen angewendete »Aufwiegelungsgesetz«, das es ermöglichte, die Bergleute vor Gericht des Mordes an ihren Kameraden anzuklagen, war bereits während der Apartheid eingesetzt worden, um Aktivisten anzuklagen.

Es ist daher nicht erstaunlich, dass die Menschen der Polizei misstrauen und die Dinge lieber selbst in die Hand nehmen.

Eine Kollegin berichtete mir, wie ihr an einer roten Ampel in Johannesburg das Autofenster eingeschlagen und die Handtasche vom Beifahrersitz gerissen wurde. Während sie völlig erstarrt sitzen blieb, sprang ein junger Anwalt hinter ihr aus dem Auto und jagte dem Dieb hinterher, bekam ihn zu fassen und rang ihn mit der Unterstützung von Passanten zu Boden. Meine Freundin ist bis heute überzeugt, dass sie die Tasche, hätte sie die Aufklärung der Polizei überlassen, vermutlich nie wiedergesehen hätte. Ein anderes Mal erzählte mir eine Taxifahrerin aus Johannesburg, wie sie sich gemeinsam mit ihren Nachbarn aufgemacht hatte, um ihren gesamten Hausrat zurückzuholen, den vermeintliche Freunde ihres Sohnes während ihrer Abwesenheit entwendet hatten.

Ein besonders grausames Vorgehen der Lynchjustiz ist das *Necklacing*: Ein in Benzin getränkter Autoreifen wird dem Opfer um den Hals gelegt und angezündet. Diese Praxis stammt aus den Townships der 80er-Jahre, wo schwarze Spitzel der weißen Apartheidregierung auf diese Weise getötet wurden. Fünf Prozent aller täglich in Südafrika begangenen Morde sind auch heute noch Folge von Selbstjustiz durch z. B. Steinigungen, Necklacing und anderem mehr. Natürlich trifft es nicht immer die wirklichen Täter. So wurde Anfang des Jahres in Johannesburg ein offensichtlich unter Depressionen leidender Mann verbrannt, weil er angeblich eine junge Frau umgebracht haben sollte – was, wie sich später herausstellte, nicht der Wahrheit entsprach.

Johannesburg

Afrika und seine Geschichte beschreibt der Philosoph und Politikwissenschaftler Achille Mbembe, als ein *Kommen und Gehen* – als eine *Zirkulation der Welten.* Ich mag sein Bild von den Welten, die umeinander kreisen und weiterziehen und sich gegenseitig inspirieren, sehr.

Im Vorfeld meiner 2018 unternommenen sechswöchigen Reise nach Südafrika bat ich den heute am *Institute for Social and Economic Research* der Witwatersrand-Universität in Johannesburg lehrenden Philosophen um ein Treffen. Ich hoffte, er könne mir Zuversicht geben – für Südafrika, aber auch für die Situation in Europa und insbesondere in Deutschland –, weil aus seinen Büchern und Schriften so viel Mut in einer immer ängstlicher werdenden Welt spricht.

Er sagte zu und wir verabredeten uns in Johannesburg in dem von Sicherheitsmännern in Neonwesten bewachten mexikanischen Restaurant *La Boqueria,* in dem die obere Mittelschicht des im Norden der Stadt gelegenen Viertels *Parktown* mexikanische Tapas auf kleinen, vermutlich handgefertigten Tellern verspeist.

Ich fragte Mbembe nach seinem Leben, wie und wo er aufgewachsen sei. Es interessiert mich, wie die Herkunft das Denken des Einzelnen beeinflusst. Ich gehe dabei davon aus, dass die meisten philosophischen Theorien stark von der Herkunft des Autors geprägt und zugleich Ausdruck seiner individuellen Suche nach einem ganz eigenen Blick auf die Welt sind.

Dass dies auf Mbembes Philosophie zutrifft, wurde mir klar, als ich den ausführlichen Schilderungen seiner Kindheit und Jugend in Kamerun folgte, über das Heranwachsen im Schatten der afrikanischen Unabhängigkeitsbewegungen in dem kleinen Dorf Malandè im Nordwesten des Landes, über sein Studium und die abschließende Promotion in Paris an der *Sorbonne* und über seine Zeit als wissenschaftlicher Mitarbeiter in New York an der *Columbia University*. New York, das er in seinem Buch *Ausgang aus der langen Nacht: Versuch über ein entkolonisiertes Afrika,* als die Hauptstadt des Optimismus bezeichnet, fasziniert ihn immer noch. Als ich ihn frage, ob ihn der Gedanke an New York auch nach dem Regierungsantritt Donald Trumps noch optimistisch stimme, lacht er. Für ihn ist die Amtszeit dieses Präsidenten eine Phase, und wenn auch ein Rückschritt, so doch nicht der erste in der amerikanischen Geschichte. Auf Trump folge hoffentlich ein gewaltiger gesellschaftlicher Sprung nach vorne.

•

Ein zentraler Begriff, der seine Haltung zur Welt zusammenfasst, ist der des *Afropolitanismus*:

> Das Wissen um die Verfügung des Hier mit dem Anderswo, das Wissen um die Gegenwart des Anderswo im Hier – und umgekehrt –, diese Relativierung der ursprünglichen Wurzeln und Zugehörigkeiten, dieser Art, absichtsvoll das Fremde, den Fremden und das Ferne anzunehmen, diese Fähigkeit, das eigene Gesicht in dem Fremden wiederzuerkennen, die Spuren des Fernen in der nächsten Umgebung zu würdigen, Unvertrautes zu eigen zu machen und mit dem zu arbeiten, was gemeinhin als Gegensatz erscheint – eine derartige kulturelle, historische und ästhetische Empfindsamkeit ist gemeint, wenn man den Begriff »Afropolitanismus« gebraucht.*

•

Wir sprachen an diesem Morgen auch über seine Gedanken zu *Grenzen,* über seinen Traum, in einer Welt

* Achille Mbeme, *Afrikanische politische Philosophie. Postkoloniale Positionen,* Berlin 2016, S. 334

ohne Barrieren zu leben. Wir sprachen über den Widerspruch, dass zwar in der modernen Welt Unternehmen global agieren und daher das Konzept eines klassischen Nationalstaats und der damit verbundenen Grenzziehung zwischen Nationen den Anforderungen einer globalisierten Welt nicht mehr entspricht, ja sogar die traditionelle Geschlechterzuordnung in Auflösung begriffen ist, sich aber gleichzeitig eine Entwicklung beobachten lässt, die Mbembe in seinem eben zitierten Buch als *Provinzialisierung*, einem Rückzug auf von Grenzzäunen und Mauern geschützten Gebiete beschreibt.

In dem flammenden Manifest von Benjamin R. Barber für eine Auflösung der Grenzen und ein Ende der Nationalstaaten *If Mayors Ruled the World: Dysfunctional Nations, Rising Cities* heißt es ebenfalls, der Nationalstaat scheitere in einer global agierenden Welt: »Er scheint allzu sehr auf Rivalitäten [und] gegenseitigen Ausschluss ausgerichtet.... und unfähig zur Herstellung des allgemeinen Gemeinwohls.«**

Die seit jeher und bis heute bestehenden, verschiedenen Ausprägungen des Bedürfnisses nach Abgrenzung in der afrikanischen Philosophie kann man ihr nicht vorwerfen. Die westliche Lehre erkannte in ihrer

** Benjamin R. Barber, *If Mayors Ruled the World. Dysfunctional Nations. Rising Cities*, New Haven 2013, S. 3f.

eurozentristischen Verblendung und Arroganz lange Zeit noch nicht einmal an, dass eine afrikanische Philosophie überhaupt existiert.

Für mich sind die Person Achille Mbembe und seine Ideen wie die von der *Zirkulation der Welten* oder der *Kultur der Mobilität* eine echte Offenbarung und frohe Zukunftsvision für Südafrika wie für die ganze Welt.

Mit dem österreichischen Philosophen Armen Avanessian stimme ich darin überein, dass es in der derzeitigen Philosophie (und nicht nur dort) an einem positiven Zukunftsentwurf fehlt. Es ist mittlerweile Konsens, über die Beschleunigung der Welt zu jammern, statt anzuerkennen, dass vielmehr die derzeit in Europa herrschenden Systeme überholt sind und es einer generellen gesellschaftlichen Neuausrichtung bedarf. Das sentimentale Festhalten an überholten Strukturen lässt sich überall auf der Welt beobachten. Auch die Trinker in der *Corner Bar* sehnen sich nach der ihnen vertrauten gesellschaftlichen Ordnung zurück, in der sie einen privilegierten, festen Platz eingenommen hatten. Die meisten Befürworter einer zunehmenden Entgrenzung der Welt sind natürlich in einer besseren gesellschaftlichen Position als diejenigen, die in der *Corner Bar* jeden Abend auf Deckeln ihre Biere anschreiben lassen.

Mbembe beschreibt Südafrika und besonders die

Metropole Johannesburg als eine Art Reagenzglas oder auch als ein Labor der Welt, in dem sich alle nationalen Grenzen allein deshalb auflösen, weil verschiedene Kulturen, Nationen und Ethnien miteinander vermengt werden und, ob sie wollen oder nicht, zusammen leben müssen. Ein Blick auf die Vielzahl der offiziellen Sprachen in Südafrika und damit auf die Anzahl der unterschiedlichen Ethnien lässt deutlich werden, dass das Land mit der Beseitigung der *Homelands* und der nach Ethnien getrennten Stadtviertel eine Entwicklung eingeleitet hat, die der Welt noch bevorsteht:

Afrikaans (14 Prozent)
Englisch (10 Prozent)
Isindebele (3 Prozent)
Isixhosa (16 Prozent)
Isizulu (23 Prozent)
Sepedi (10 Prozent)
Sesotho (8 Prozent)
Setswana (8 Prozent)
Siswati (3 Prozent)
Tshivenda (3 Prozent)
Xitsonga (5 Prozent)

•

Würden wir Europäer genauer hinschauen, würden wir erkennen, dass der ganze Kontinent bezüglich der Migration schon immer ein Vorreiter war: Schon in der frühen Menschheitsgeschichte vor 2 bis 1,5 Millionen Jahren spaltete sich der *Homo* von dem *Australapithecus*, zwei auf dem afrikanischen Kontinent nomadisch lebenden Gattungen. Bis heute leben nomadisierende Ethnien in Afrika, die die von den Kolonialmächten künstlich gezogenen Grenzen nicht anerkennen. Die transnationalen Bewegungen der Nomaden ziehen bis heute blutige Auseinandersetzungen nach sich.

In Europa konnte man bislang den kosmopolitischen Blick, als den ihn Ulrich Beck in seinem gleichnamigen Buch beschreibt, verweigern und allein in der Wirtschaft und im Handel einnehmen. In Südafrika ist eine solche Haltung perspektivisch nur schwer leb- und denkbar. »Europa hat nicht verstanden, wie die Zukunft funktioniert«, ist einer der Sätze von Mbembe an diesem Morgen, die ich mir merke, ohne dass ich ihn mir notieren müsste.

•

Ich blieb vier Tage in Johannesburg und kann Mbembe nur darin zustimmen, dass diese Stadt ein einziges, großes, brodelndes Reagenzglas ist. Steht man morgens in Johannesburg auf, kann man nicht absehen, welche radikalen Wendungen der Tag mit sich bringen wird: immer kann jederzeit alles passieren. Man könnte – dieses Gefühl vermittelt die Stadt – heute zum Millionär aufsteigen, seine große Liebe treffen oder erschossen werden. Diese Stadt ist in all ihren Facetten so elektrisierend wie New York in den 60/70ern gewesen sein muss, als eine Avantgarde aus Künstlern, Schriftstellern, Musikern und andere, nach alternativen Lebensformen suchenden Menschen aus den unterschiedlichsten Teilen der Welt mit dem Gefühl, Teil von etwas ganz Neuem zu werden, in die Stadt strebten.

•

Bevor ich zu meinem Treffen mit Mbembe nach Johannesburg geflogen war, hatte ich wieder einige Wochen in Kapstadt verbracht.

An einem Samstagnachmittag spazierte ich auf der Promenade fast eine Stunde lang von der Waterfront bis nach Seapoint. Auf Höhe des Leuchtturms in *Mouille Point* musste ich auf den Bürgersteig ausweichen, weil die Promenade und die Mauer, die hier den Gehweg vor der Brandung schützt, von grundauf restauriert wurde. Ein Bauzaun, der wiederum mich daran hinderte, die Baustelle zu inspizieren, informierte mich über die *Rehabilitation von Mouille Point*.

Als ich von der *Beach Road* zur *Main Road* hochging, dachte ich zunächst, mich verirrt zu haben und wohlmöglich eine Straße zu früh abgebogen zu sein. Dort, wo früher ein paar zusammengewürfelte Geschäfte in einem Gebäude nebeneinander existiert hatten, das die Bezeichnung Shoppingcenter kaum verdiente, stand nun eine stattliche Mall mit dem auf schwarzem, mattem Grund in goldener Schrift prangenden Namen *Artem*. Dieser handgearbeitete Schriftzug aus 18 ct Gold war in Italien hergestellt und von dort nach Kapstadt verschifft worden.

Im früheren *Adelphi Center* war ich während meiner Zeit in Seapoint allsonntäglich derselben Routine gefolgt: Zunächst hatte ich immer ungesalzene Cashew- oder Macadamianüsse beim Nüssemann gekauft, der direkt in der Mitte des Eingangs stand, um anschließend einen frisch gepressten Saft bei der jungen Frau rechts neben dem Eingang zu trinken, während mir ihr Nachbar jeden Sonntag aufs Neue eines seiner Tücher oder einen seiner Hüte aufzuschwatzen versuchte, bevor ich zum Supermarkt *Pick and Pay*, der die größte Fläche im rechten Flügel des Centers gemietet hatte, fürs Wochenende einkaufte.

Als ich nun ehrfürchtig den neuen Eingangsbereich aus anthrazitfarbenem Marmor betrat und versuchte, mich an den früheren Bodenbelag zu erinnern, suchte ich vergebens nach einem dieser geschäftigen und fleißigen Ein-Mann-Unternehmer, die mit dem Verkauf von Nüssen, Orangen oder Stoffen ihre Existenz aufgebaut hatten und ihren Lebensunterhalt verdienten.

Eine Patisserie mit dem Namen *Coco und Safar* hatte mittlerweile genau an der Stelle, wo der Nüssemann immer seine Plastiksäckchen verkauft hatte, ein Ledersofa und Tische aus Eichenholz gestellt und auch die Ladenfläche links des Eingangs gemietet, wo früher, soweit ich mich erinnerte, ein kleines Reisebüro Tickets für Flüge innerhalb Afrikas und nach Amerika oder Europa verkauft hatte. Wo früher der Tüchermann und die Orangenfrau gestanden hatte, war ein riesiger skandinavischer Designladen mit hübsch gestalteten Kochbüchern und Edelstahltöpfen, Seifen der Marke Aesop und hellen, fein geschliffenen Holzmöbeln in der Auslage eröffnet worden.

Auch der Asia-Imbiss, ein Stehcafé und der Handyladen *C. R Cellrepair* waren der großen Ladenfläche der Patisserie *Coco und Safar* gewichen. Glücklicherweise entdeckte ich später im ersten Stock schräg rechts gegenüber der Rolltreppe die beiden Männer, die auch früher schon den *C. R Cellrepair*-Laden betrieben hatten. Sie waren nun eine Etage höher gezogen und profitierten dort leider nicht mehr von der Laufkundschaft, die früher auf dem Weg zu *Pick and Pay* an ihrem Laden vorbeigekommen war, und, falls sie sich nicht in ihm verirrt hatte, ganz sicher nicht ohne eine neue Handyhülle oder eine kleine Trommel mit Kopfhörern oder eine brandneu ausgetauschte Smartphonescreen wieder herausgekommen war. Der Mann und sein Gehilfe besaßen ein wahnsinniges Talent, Kunden, die eigentlich nicht wirklich etwas hatten kaufen wollen, davon zu überzeugen, unbedingt etwas Bestimmtes zu brauchen.

•

Coco und Safar hat seinen Namen zu Ehren der französischen Star-Designerin Coco Chanel erhalten. »Die Gäste sollen sich so fühlen wie in Paris und gleichzeitig wie auf einer abenteuerlichen Entdeckungsfahrt«, erzählten mir bei meinem zweiten Besuch die beiden kanadisch-südafrikanischen Eigentümer, die mit rührendem Stolz über ihre ehrgeizigen Pläne, *Coco und Safar* weltweit als einen Concept-Store mit Café und Patisserie *in einem* einzuführen.

Sie hatten im Januar Eröffnung gefeiert und warteten nun sehnsüchtig auf die kommende Saison und die Touristen ab November. Nächstes Jahr schon würden weitere Filialen in New York und Toronto gegründet werden. Sie waren froh, dass das alte *Adelphi Center* komplett renoviert und umbenannt worden war und so endlich auch der untere Teil der *Main Road* in Seapoint die ihrer Meinung nach verdiente Aufwertung erfuhr. Der aus Dubai stammende Käufer hatte den gesamten Komplex als Teil eines Deals zusammen mit dem *Ambassador Hotel* in Clifton gekauft. Der Name *Artem* sei eine Erfindung des Mannes aus Dubai und leite sich wohl vom lateinischen Ars, der Kunst, her – im Shoppingcenter befinde sich auch die *Artem Gallery*, in der auf großflächigen Leinwänden südafrikanische Streetart gezeigt würden.

Nach diesem mich sehr ernüchternden Besuch ging ich weiter zur *Dudley Road* und war auf das Schlimmste gefasst. Dass die Fassade von Patiences Haus rosa gestrichen worden war, sah ich schon, als ich in die Sackgasse einbog. Mir war sofort klar, dass sie nicht mehr dort lebte. Ich schrieb ihr eine Nachricht und befürchtete, sie wäre womöglich wieder nach Kinshasa zurückgekehrt. Sie antwortete glücklicherweise noch am gleichen Abend, ihrer Familie und auch allen anderen Mietern im Haus seien die Verträge gekündigt worden, sie lebe aber noch in Kapstadt.

Wenige Tage später erzählte sie mir bei einem Rooibos-Tee an der *Main Road*, dass der Besitzer ursprünglich vorgehabt hatte, das ganze Haus kurzerhand zugunsten eines Neubaus abzureißen, weil das Gebäude innen wie außen völlig marode gewesen sei, er jedoch vom Bebauungsamt der Stadt Kapstadt gezwungen wurde, das schöne alte Haus im Kolonialstil originalgetreu zu renovieren.

Glücklicherweise fand Patience ein paar Straßen weiter eine günstige Einzimmerwohnung, die sie sich mit zwei jungen Frauen aus Malawi und Zimbabwe teilte, und zahlte nun die Hälfte ihres Lohns, 2000 Rand, für ein Drittel des Zimmers.

•

Eine Zeit lang hatte sie eine zusätzliche Geldquelle aufgetan, um jeden Monat ihrer nach Kinshasa zurückgekehrten Mutter Geld schicken zu können. Sie verkaufte an der Waterfront sechs Monate lang zwischen 16 und 20 Uhr nicht nur süßes und salziges, sondern auch mit Chili oder mit Käse- oder Karamellgeschmack überzogenes Popcorn. Um so viele Kunden wie möglich für diese ungewöhnlichen Kombinationen zu gewinnen, lief sie vor dem Laden auf und ab, um die Gäste direkt anzusprechen und ihnen kleine Kostproben hinzuhalten. Davon erzählte sie mir so begeistert und detailliert, dass ich ihr auf der Stelle glaubte, etliche Käufer vom Chili-Popcorn überzeugt haben zu können.

Diesen Zweitjob hatte sie leider aufgeben müssen, als man ihre Schicht überraschend auf den Morgen und das Wochenende verlegte. Patience ließ sich davon nicht unterkriegen und verriet mir ihren neuesten Plan: Sie wolle nun nach Amerika auswandern. Sie hätte dort viele Freunde, die ihr vom Leben und auch den Gehältern dort vorschwärmten, sie wolle nur noch den Au-Pair-Kurs zu Ende bringen und einen neuen Pass beantragen, der alte sei bei der südafrikanischen Einwanderungsbehörde verloren gegangen.

•

Das Haus von Jimmy und Afro Fiesta war fast unverändert, die Veranda wie gewohnt voller undefinierbarem Krempel, im Garten standen die gleichen Plastikstühle wie vor über einem Jahr. Kein Mitglied der Band war weit und breit zu sehen, aber es beruhigte mich, alles so vorzufinden, wie ich es in Erinnerung hatte.

Jimmy arbeitete gerade am Schnitt seines Dokumentarfilms über *Afro Fiesta*, für den er die Band auf ihrer Tour bis nach Angola und Mosambik begleitet hatte. Auch in Deutschland, erzählte er mir auf einem Konzert in der *Crypt*, das ich besuchte, um ihn und alle anderen wiederzusehen, möchte er den Film zeigen. Ich versprach ihm, die Untertitel ins Deutsche zu übertragen, sobald er mit dem Schneiden fertig sei.

Im Kiosk an der *Main Road* saß ein vielleicht 20-jähriger Inder, der gemütlich auf seinem Smartphone herumtippte und seinen Kopf erst hob, als ich ihn direkt ansprach. Im ersten Moment dachte ich, er wäre nur eine Aushilfe und der Kenianer sei krank oder im Urlaub. Von einem Kenianer aus Nairobi, der hier arbeite oder sogar der Besitzer des Kiosks sei, wusste er jedoch nichts. Der Besitzer sei auch Inder und er sein einziger Verkäufer, betonte der junge Mann.

Zu meiner wiederholten, nachdrücklichen Frage nach einem Kenianer mittleren Alters, der hier arbeiten würde oder gearbeitet habe, schüttelte er wieder den Kopf. Ich sah ein, dass es keinen Sinn ergab, ihn weiter zu befragen. Der Kenianer war weg, und in der Stadt nach ihm zu suchen ohne zu wissen, ob er überhaupt noch hier lebte und nicht derweil durch die Straßen von Nairobi wuselte, wäre völlig verrückt.

Vielleicht, beschlich mich der Gedanke, war er auch nie der rechtmäßige Besitzer des kleinen Kiosks gewesen. Woher hätte er das Geld für den Kauf nehmen sollen? Wahrscheinlich hatten wir beide nur davon geträumt.

•

Vielleicht hatte ihn der neue Besitzer einfach entlassen, was bei einem Arbeitsverhältnis ohne Arbeitsvertrag, ohne Kranken- und Sozialversicherung völlig unproblematisch war. Nicht aus dem Grund, dass der Kenianer schlechte Arbeit geleistet hätte, sondern weil vielleicht der junge Mann hinter der Theke der Sohn eines Freundes oder Bekannten war, der nach seinem Schulabschluss verzweifelt einen Job gesucht hatte, mit dem er irgendwann sein Studium an der UCT würde finanzieren können. Und weil er eben der Sohn eines alten Freundes war, dem man keine Bitte abschlagen wollte, der vielmehr in der Vergangenheit auch das ein oder andere für ihn getan hatte, hatte er, wenn auch schweren Herzens, seinem kenianischen Verkäufer eben gekündigt. Die Freundschaft, das ist verständlich, war ihm wichtiger gewesen als die Belange eines kenianischen Träumers.

LINDA TUTMANN, 1981 geboren, lebt als freie Reporterin u. a. für die *ZEIT* und *taz am Wochenende* in Berlin. 2016 recherchierte sie neun Monate lang in Kapstadt zu den Aufständen an den Universitäten und der Born-Free-Generation, zur Landreform und Rassismus in der Spielzeugindustrie. Sie wurde mit dem Marion-Dönhoff-Journalistenpreis und dem Ulrich Wickert Preis ausgezeichnet.

OLYA OLEINIC, geboren in der Republik Moldawien, ist bildende Künstlerin in Amsterdam. Ihre Arbeiten wurden im *FOAM*, im *Niederländischen Fotomuseum*, Rotterdam, in *Les Rencontres de la Photographie d'Arles* ausgestellt und auf *unseen* und diversen Magazinen veröffentlicht.

African Dream wurde im Rahmen des Grenzgänger-Programms der Robert Bosch Stiftung und des Literarischen Colloquiums Berlin gefördert.

Erste Auflage Berlin 2019

MSB Matthes & Seitz Berlin Verlagsgesellschaft mbH
Göhrener Straße 7, 10437 Berlin
info@matthes-seitz-berlin.de
UMSCHLAG UND SATZ: Michael Rosenlehner
nach einem Entwurf von Pauline Altmann.
DRUCK UND BINDUNG: Beltz Grafische Betriebe, Bad Langensalza
ISBN: 978-3-95757-717-7
www.matthes-seitz-berlin.de